Un
homme
+
une
femme
=
quoi ?

Elsa Cayat

Un
homme
+
une
femme
=
quoi ?

Petite Bibliothèque Payot

Retrouvez l'ensemble des parutions
des Éditions Payot & Rivages sur

www.payot-rivages.fr

Cet ouvrage, précédemment paru aux Éditions Grancher en 1998, a été entièrement revu par l'auteur pour la présente édition de poche.

AVANT-PROPOS

Point n'est besoin d'être un expert de l'humain pour sentir simplement, du fond de soi, que la base de la vie et sa stabilité reposent sur une relation amoureuse épanouie entre deux êtres.

Cependant savoir cela ne protégera pas l'amour des embûches qu'il rencontrera inéluctablement sur son chemin.

Ce à quoi le titre interrogateur de ce livre répond, mais pas seulement.

À y regarder de plus près, cette interrogation est d'autant plus vive, aujourd'hui, que nous sommes à une étape charnière de notre civilisation.

Alors qu'auparavant les mariages étaient arrangés, que le droit était exclusivement d'un seul côté, côté homme, ce qui reléguait l'amour au domaine du rêve ou de l'interdit, bizarrement depuis que l'amour a conquis une nouvelle liberté et une nouvelle égalité, que le rêve peut enfin s'ancrer dans la réalité, jamais l'amour n'a suscité autant de questions.

Et curieusement la prolifération des rencontres sur Internet pourrait donner l'illusion d'un retour à l'arrangement d'avant. À ceci près que là où l'arrangement de naguère représentait la norme, cet arrangement actuel tend à se faire dans un halo de gêne et de honte.

Le rêve aurait-il donc déserté l'amour ? Non, le rêve est toujours aussi intense. Ce repli sur soi traduit la préférence que l'homme accorde à son rêve d'un amour absolu, d'une fusion parfaite, d'un autre mythique qui n'existe pas, à cette réalité qu'on appelle le couple.

Le problème de cette notion de couple est qu'elle transforme une relation vivante entre deux êtres en un objet précieux, autonome, auquel le sujet se sent extérieur comme s'il n'y avait pas sa part, en une histoire qui se déroulerait en dehors de lui.

C'est de cette construction amoureuse dont le sujet s'exclut que dérive l'oscillation très fréquente en amour entre tout supporter ou tout casser.

Or, si cette façon de poser le problème est une voie condamnée, c'est qu'elle s'enracine dans une dépendance à l'autre qui ne peut trouver d'issue que dans l'indépendance, c'est-à-dire dans la séparation.

C'est au titre de cette difficulté que je n'aborderai pas le couple sous la forme d'une entité ; cela ne ferait qu'alimenter ce rapport de forces, en ceci que par essence le rêve de l'union sacrée débouche sur la haine et la souffrance, à défaut d'entamer l'origine du mirage d'où part cette aspiration.

De plus, se laisser guider par cette boussole de l'identité dans le thème du couple occulterait la source majeure de souffrance en amour : à savoir sa propre réalité.

La réalité de l'autre ne faisant ordinairement que se rajouter pour révéler une réalité interne que l'on ne connaissait pas. L'autre ne vient ordinairement que pour nous prendre à un piège qui en nous existait déjà.

Dans cette perspective, nous ne serons pas là pour exalter l'amour, pour exalter le mythe métaphysique qui habituellement l'entoure, mais pour ordonner la métaphysique amoureuse au sol inconscient qui la fonde. Car si cette métaphysique est à la source d'une jouissance intense, cette métaphysique, qui porte au moins un nom, l'inconscient, porte également le nom de ses conséquences : la douleur, la souffrance, et l'échec dans la répétition.

Ce qui ne veut pas dire que tout dans l'amour soit rationalisable et qu'il faille rationaliser l'amour, mais cela veut dire qu'il vaut mieux se retrouver dans ce qui nous attire inextinguiblement vers un autre, dans ce qui nous pousse à répéter toujours les mêmes erreurs, pour pouvoir se positionner dans la relation à l'autre, en se donnant vraiment la possibilité d'un *choix*.

Aussi ce livre circonscrit-il d'une certaine manière le préalable à la possibilité de créer en amour.

Un préalable, car c'est en sachant ce qui nous détermine à aimer quelqu'un, ce qui nous détermine à répéter à notre insu ce qui se jouait avec nos parents, que la redétermination des conditions de la relation amoureuse sera possible, dans le respect de l'autre et de soi. Ce n'est qu'en allant au-delà du voile dont on habille l'autre pour s'en abriter, en accédant à son propre réel qui derrière lui était caché, que l'on peut savoir qui est l'autre, et l'accepter. Accepter d'aimer et d'*être* aimé, accepter de prendre du plaisir avec lui, et de ne pas céder devant ce que l'on ne veut pas, cesser d'être attrapé à sa propre farce, cesser

de souffrir pour lui car l'amour n'est pas forcément synonyme de souffrance et de mort, il peut être également synonyme de joie.

PREMIÈRE PARTIE

L'amour dans ses effets et dans certaines de ses causes

CHAPITRE PREMIER

La psychanalyse : une médecine de l'amour

Parfois saisi par un sentiment d'étrangeté, il nous arrive de nous arrêter et de nous demander : mais de qui parlent-ils ces gens quand ils parlent ? Que veut-on dire ? Qu'est-ce que l'enjeu réel d'une conversation ? Autour de quoi tourne sa scène ? Quel est l'attendu qui le plus clair du temps reste au seuil, et dont le manque alimente le flot verbal en le faisant exister ? Que cherche l'homme sous ces rôles ? Que veut-il produire lorsqu'il cache, lorsqu'il fuit, lorsqu'il feint, lorsqu'il meuble les silences, lorsqu'il attaque, lorsqu'il se sou-met ? Je pense que l'on peut répondre, sans se tromper, que ce qui constitue à la fois l'enjeu ultime de n'importe quel échange verbal et son manque incomblé, c'est l'amour.

Ce que l'on cache dans le lien à l'autre, derrière la parole, c'est le déséquilibre entre le besoin d'aimer et le désir d'être aimé ; car c'est en tant que ce jeu n'est pas seulement source de jouissance, mais source de souffrance, qu'il est occulté.

Or curieusement, ni cette douleur, ni cette jouissance n'ont été interrogées par la philosophie. La question de l'amour n'a été abordée dans cette perspective que sous l'angle sublimé de l'amour du savoir ; ce dont la psychanalyse s'est démarquée.

Mais cette comparaison entre psychanalyse et philosophie peut paraître curieuse de prime abord puisque la psychanalyse est fille de la médecine et non fille de la philosophie.

Son dessein n'est pas la sagesse, mais une thérapeutique de la souffrance psychique qui consiste en une prise effective sur son réel. Sa visée, son idéal, n'est pas l'amour du savoir, mais, comme l'observe très justement Paul-Laurent Assoun (1*), l'obtention d'un savoir sur l'amour.

Néanmoins et paradoxalement, quand bien même la psychanalyse ne partirait en rien de la philosophie mais d'un savoir médical, les concepts qu'elle forgeait pour répondre aux exigences de sa pratique, au matériel inédit qui lui arrivait, s'avéraient bien plus affines, bien plus proches de la philosophie que de la médecine.

Pour saisir le peu de secours qu'elle recevait de la psychiatrie et de la neurologie en ce qui concerne le psychisme, et l'excentration à la démarche médicale dont elle procédait, il nous faut revenir au contexte qui fondait son acte de naissance.

Rappelons que la psychanalyse est issue contextuellement de la tension, du conflit que produisait l'hystérie entre la neurologie et la psychiatrie (2).

Pour comprendre les raisons de ce conflit, il faut savoir qu'à l'heure où Freud fait ses premiers pas dans le monde de la pensée, il existe une dichotomie entre les maladies psychiatriques d'origine idiopathique, et les maladies neurologiques d'origine organique. Cependant entre les deux, il y a l'hystérie, l'hystérie qui présente des symptômes étranges d'allure neurologique. Néanmoins ces symptômes échappant à toute corrélation anatomoclinique, et s'avérant curables par la suggestion, les patients affligés de ces symptômes devenaient

* Les chiffres entre parenthèses renvoient à la bibliographie en fin d'ouvrage.

source de discrédit, tant dans le champ de la neurologie que de la psychiatrie.

Ils se voyaient d'un côté dénigrés par les neurologues sous couvert de la dimension psychique de leur trouble, qui supposait selon eux un mensonge ou une simulation, puis renvoyés aux mains des psychiatres, qui se défaussaient à leur tour de ce renvoi, en invoquant de façon indémontrée une cause organique : à savoir une dégénérescence cérébrale ou la fatale hérédité (3).

Je veux dire qu'alors que le champ de la médecine s'acharnait à se dégager de l'énigme de cette cause, en projetant le mystère de l'étiologie de cette affection ou dans un psychisme « pervers » (sans corps) ou dans un corps « défaillant » (sans esprit), Freud, lui, s'est intéressé à ce symptôme, à ces patients, et à leur *souffrance* qui était, dans cet échange de balle entre « mauvais esprit » et « mauvais corps », purement éludée.

Ce qui lui a permis d'abord de s'aviser de l'impact de l'esprit sur le corps, mais encore du pouvoir de la parole dans le dénouement du symptôme, et de la suggestion.

De la parole, mais aussi de l'*amour*, car, d'une certaine manière, c'est par son transfert que Freud rétablissait un lien de fraternité, c'est-à-dire une certaine forme d'amour et de respect entre le médecin et ces patients, en leur prêtant un savoir inconscient mis au jour par l'hypnose, qu'il se donnait pour tâche de les aider à trouver pour guérir de leur souffrance.

Aussi, bien différemment de la psychiatrie dont le principal souci médical est un souci d'objectivation des troubles qui exclut du sujet, considéré comme irresponsable, sa possibilité de réflexion, la psychanalyse, elle, rééquilibre ce rapport sujet/objet en engageant le patient dans sa guérison, en engageant le sujet, ce qui le spécifie, à savoir sa faculté de penser, à parler de sa souffrance et de ce qu'il ressent.

Or en allant au-delà de l'enjeu de pouvoir que se disputaient par le biais de l'hystérie psychiatres et neurologues, nommément le mur métaphysique de l'union de l'âme et du corps que chacun se proposait d'incarner en puissance aux dépens des patients, en allant au-delà de la conceptualisation médicalo-moralisante de ces symptômes qui ne cessaient d'osciller entre une cause « psychique », ce qui sous-tendait que le patient était pervers et donc qu'il faisait « exprès », ou une cause « organique », ce qui sous-tendait que ce n'était qu'un pauvre hère qui n'avait droit qu'au mépris en attendant les découvertes de la neurobiologie, Freud, qui ne se servait que du matériel verbal des patients, et ne se contentait pas de ce pseudo-savoir extrapolant, s'est d'abord mis à les écouter.

Et en empruntant le chemin inconnu du sens de cette souffrance et de cette déraison, *Freud rencontrait la question de l'amour à chacun de ses pas.*

Il découvrait que si c'était de sens en souffrance que souffraient ces patients, un sens concernant l'amour, un sens étranger emprisonné dans l'esprit, qui se répercutait négativement sur le corps à défaut d'être ressaisi en conscience, en revanche il s'apercevait également que la parole s'avérait un moyen positif de surmonter cette souffrance, d'harmoniser ce rapport qui paradoxalement se recoupait avec la question de l'amour, avec ce qui dans l'autre faisait suggestion aux dépens du sujet. La parole sur l'amour se dévoilant un moyen inédit de relativisation des rapports du sujet à son corps, en tant qu'ils s'intriquaient aux rapports qu'un être humain entretient non seulement à l'autre, mais avec son esprit.

C'est en cela que la philosophie, qui depuis longtemps déjà, et notamment avec Kant, avait commencé à briser ce mur imaginaire qui s'érigeait entre la raison et la déraison, s'avérait un instrument de référence beaucoup plus utile que les concepts moralisants de la médecine et de la psychiatrie.

Néanmoins il me faut souligner que malgré son affinité seconde à la philosophie, la psychanalyse procède d'une démarche fondamentalement différente de la philosophie, en ceci qu'elle part de l'expérience spécifique qu'est la souffrance psychique dans le cadre d'une pratique déterminée, qu'elle ne fonctionne pas à partir de généralités sur l'homme, comme la philosophie, mais qu'en s'arrimant à l'expérience, elle remonte du particulier à l'universel. La solidité de sa théorisation ne se mesurant qu'à l'aune de ses capacités prédictives, à la reproductivité de ses capacités transformatrices, c'est-à-dire à sa capacité à *soulager la souffrance*, son instrument opérateur étant la parole.

On peut noter, à cet égard, que l'ensemble de la psychiatrie et une partie non négligeable de la psychanalyse, ce qui est pour le moins paradoxal, s'oppose à Freud sur la scientificité de la psychanalyse.

Cependant le seul argument contradictoire que ces psychanalystes opposent à Freud serait l'incertitude du savoir psychanalytique. Cependant ce pâle argument oublie que la science se caractérise d'abord par une démarche qui part de l'inconnu pour renouveler et donc contredire et compléter le connu. Ils oublient que le savoir scientifique n'est pas un savoir certain, absolu, qui incarnerait le réel, mais une symbolisation du réel qui est toujours en deçà de lui, qui se spécifie par des points forts effectifs, et des points faibles, renouvelables à l'infini. Cet argument prétendument contradictoire (qui va toujours de pair, en ce qui concerne les revendiquants de l'ascientificité de la psychanalyse, avec un rapport religieux au texte et à ses maîtres, qui se traduit par une exclusion de la clinique dès qu'elle ne colle pas avec la théorie) n'étant qu'un alibi pour ne pas donner en réalité la priorité à l'inconnu, à l'expérience, à l'inédit de ce qu'ils entendent par rapport à ce qu'ils croient savoir, du fait même que c'était déjà écrit.

Du côté de la psychiatrie, cette croyance à la non-scientificité de la psychanalyse tient fondamentalement à un *a priori*, au fait qu'elle ne toucherait pas au corps, que, n'étant pas « organiciste », elle n'aurait aucun fondement. Or elle ne voit pas que c'est sa propre méprise qu'elle tente de pallier, car le propre de la psychanalyse est d'avoir renouvelé, comme jamais, ce terrain de correspondance entre « l'âme » et le corps (4).

En effet, pour introduire cette discussion de façon quelque peu nouvelle, à l'endroit du préjugé idéaliste qui ordinairement entoure la psychanalyse, je dirai que cette pratique ne permet plus la persistance du clivage médical, à quoi s'append désespérément la psychiatrie depuis Freud, entre « organicité » des symptômes psychotiques, et étiologie « psychique » des symptômes névrotiques, c'est-à-dire au seul changement véritable que la psychanalyse a provoqué dans le champ de la nosographie psychiatrique [1].

Car là où trois équivalences erratiques trament cette coupure – puisque organicité dans cette perspective veut dire déficit, et que déficit veut dire ou non-résolution spontanée des troubles, ou non-résolution psychanalytique des troubles [2] –, la psychanalyse, elle, repère, certes de façon beaucoup plus complexe pour l'entendement, non pas qu'il y aurait des symptômes organiques, et d'autres qui ne le seraient pas, mais, en premier lieu, que n'importe quel symptôme psychique, aussi furtif soit-il, se traduit physiquement dans le corps, qu'il relève de l'émotion, de l'angoisse, ou de l'acte manqué.

Elle dégage effectivement que le désir inconscient qui ne parvient pas par dire en conscience, qui ne trouve pas d'issue externe par l'assomption rationnelle et consciente du sens d'un désir insu, se traduira de façon interne, dans le corps. L'acte de tomber ou d'avaler de travers pouvant le connoter de façon exemplaire, s'ils surviennent en sanction du déroulement d'une pensée où affleurait un désir refoulé, puisque c'est son refoulement second, au lieu de l'extériorisation de son sens en conscience, qui sera métaphorisé en acte. Que cela soit aux dépens physiques du sujet est en outre une donnée sérieuse à souligner.

C'est dire que l'une des conséquences à longue portée, dont la biologie aura un jour à rendre compte, c'est que s'il appert de l'expérience analytique que le symptôme psychique relève d'un certain déterminisme, le fait même qu'il s'avère acquis et partiel, car résolvable du dire à l'ouïe, doit indiquer non pas que le psychisme normal soit un champ clos et homogène, fermé sur le réel, pur esprit, ce qui est grotesque, *mais que le réel biologique régissant la raison est modifiable par la parole. Non seulement parce que la parole opère jusque dans le corps du sujet, de l'extérieur et de l'intérieur, mais, encore et surtout, parce que l'inouï de la psychanalyse est de montrer en acte qu'il est possible, sans que l'on sache comment la parole fonctionne physiquement, de dépasser par le son le mur supposé du corps, – celui-là même qui était interposé psychiatriquement, depuis Freud, entre la névrose et la psychose –, d'accéder à un savoir en souffrance interné dans le corps, pour ne plus en souffrir.*

Je m'attache à rendre compte de cette modalité opérationnelle de la psychanalyse à double titre : d'une part parce que l'analyse de ses effets est une des voies résolutives du problème philosophique que posaient les maladies mentales à l'aube de leurs définitions, et d'autre part parce que l'éclairage psychanalytique de cette question pourrait ouvrir une voie inédite dans le champ des psychoses [3].

La psychanalyse et l'amour

Ces remarques posées, l'important est de mettre en relief que le propre de la psychanalyse est *d'avoir rencontré, au cœur de la souffrance du mental, au cœur de la souffrance psychique qui se réfracte régulièrement sur le corps, l'amour à chacun de ses pas.*

Ainsi la première question qui s'impose est comment l'a-t-elle rencontré ? Pratiquement, et à un premier niveau, l'on peut s'aviser que ce qui conduit de lui-même un sujet en analyse touche à l'amour selon deux grandes formes.

Soit l'individu a du mal à s'aimer parce qu'il est en proie à des symptômes dont il n'a pas la maîtrise (symptôme qui touche essentiellement à sa pensée et à son corps), bien qu'à côté de cela il puisse avoir une haute opinion de lui-même.

Soit il met en avant ses difficultés à aimer l'autre, sa constante déception en amour et la souffrance qu'occasionnent pour lui des rencontres amoureuses.

Dans tous les cas, c'est sa souffrance qui le conduira à vouloir savoir de quoi elle retourne.

Mais séparer ces deux grandes versions du symptôme, où l'on peut reconnaître d'un côté la plainte obsessionnelle intériorisée, et de l'autre la plainte hystérique qui porte d'abord sur l'autre et sur son corps (mais différemment), comporte néanmoins une limite. Et en ceci que tout symptôme conjoint ces deux faces.

Une face active-passive où le sujet agit compulsivement et choisit de façon forcée de se mettre en position d'objet, et une face passive-active où il subit contre son gré ce qu'il ne veut pas avec l'autre.

Ces deux versions du symptôme sont comme l'endroit et l'envers d'une même médaille, car la difficulté à aimer l'autre procède toujours de la difficulté à s'aimer.

Cela étant posé, derrière cette surface, derrière cette caractéristique apparente du symptôme où se mêle toujours un aspect irrationnel, parce que le sujet ignore l'origine de sa souffrance, il y a le problème de la cause.

Que découvre Freud ?

D'un point de vue théorique, il est intéressant de noter qu'en questionnant la souffrance psychique induite par une position d'objet et où le sujet se voit réduit (parce qu'il ne peut trouver tout seul d'issue à la problématique qui l'enfonce), Freud trouvait la référence historique qui se cachait derrière la douleur de l'amour. Et cette référence déterminante, il la découvrait dans le rapport symptomatique que comme enfant le sujet avait noué avec chaque membre de sa famille, et spécialement avec ses parents.

Par quoi non seulement il soulevait le voile sacré qui auréolait avant lui la famille en s'apercevant que les rapports parents/enfants n'avaient rien d'évident, qu'ils étaient source de souffrance et pas seulement de bonheur, mais encore il sortait l'enfance du mythe paradisiaque et innocent qui auparavant l'enrobait.

Enfin en remontant la question de cause de ce qui faisait ratage en amour, en découvrant la référence familiale de l'amour, en découvrant que ce qui attirait vers l'autre, ce n'était pas *a priori* l'autre comme tel, mais dans l'inconscient un trait familial, un morceau de relation douloureuse historique qui se rejouera dans l'actuel avec l'aimé, Freud mettait au jour les fondements rationnels, déterminés, qui dans l'amour produisaient l'irrationnel en engendrant sa dimension métaphysique.

Mais il y a plus, puisque, pour la première fois dans l'histoire des idées, Freud dévoilait la face cachée de l'amour, à savoir la *haine*.

Il découvrait qu'au-delà du grand amour, de la passion que l'enfant éprouvait pour ses parents, il y avait de la haine, ce à quoi répondait le désir d'*inceste* et de *meurtre*. C'est dire que contrairement à la banalisation inconséquente où est relégué le complexe d'Œdipe aujourd'hui, *il stigmatisait la violence des amours infantiles et de façon plus régulière non seulement le fantasme de meurtre, mais encore le désir sexuel incestueux qui dominent de façon refoulée tout amour.*

Lacan, lui de son bord, a pris la question de l'amour sous les auspices du transfert (5), c'est-à-dire d'abord sous l'égide d'un artefact narcissique : ce en quoi il mettait en évidence, de façon plus insistante que Freud (qui clivait l'amour par étayage et l'amour narcissique), la constante part narcissique de l'amour pour l'autre. Néanmoins en nouant comme irrémédiablement, par son terme d'hainamoration, la haine et l'amour, si d'un côté il revigorait la notion d'ambivalence, de l'autre ce nouage trop serré lui interdisait la possibilité de savoir si oui ou non l'amour pouvait se décoller de la haine.

Aussi, si tous les analystes s'accordent à reconnaître que la pratique analytique soulage considérablement le sujet, et lui permet de se réconcilier avec ses parents, et par là même avec les autres, parce qu'il se sera réconcilié avec lui-même, le problème que pose la pratique, c'est comment l'amour peut-il se renouveler en conscience ?

Rappelons que Freud et Lacan ont mis tout l'accent sur le renouvellement du rapport du sujet au savoir qu'opère l'analyse ; Freud répond en effet par la sublimation, là où Lacan répond par la désupposition de l'autre au savoir : ce qui implique une nouvelle responsabilité du sujet par rapport au réel ; néanmoins rien n'est dit sur ce qui pourrait changer dans l'amour, le renouvellement de l'amour est resté théoriquement en suspens.

Ce qui ne veut pas dire que de la théorie, certaines choses ne peuvent pas se déduire. Mais néanmoins le fait que précisément rien ne soit explicité à ce sujet, mais seulement implicite, est problématique.

Prenons le cas de la théorie freudienne. En ce qui concerne le complexe d'Œdipe, le pathologique de l'amour, Freud suppose que connaître ses désirs refoulés incestueux, y accéder en conscience, permet la condamnation de ces désirs. Cependant pourquoi cela suffirait-il, et comment cela pourrait-il suffire, puisque manifestement dans la psychose, ces désirs affleurent en conscience, sans pouvoir être résorbés ? Or invoquer une fatalité génétique, ou une carence du nom du père, loin de faire avancer la question, éloigne le problème théorique que ces phénomènes posent jusque dans le champ de la névrose, dans la mesure où le propre de l'analyse est de faire advenir en conscience ces désirs refoulés.

Ce qu'il faut saisir, c'est que le problème de la seule condamnation consciente de ces désirs revient à un comportementalisme, à un coup de force qui rétablit du refoulement, car quelque chose n'est pas réellement intériorisé, nommément *le problème des fondements de ces atroces désirs qui est escamoté.*

Néanmoins Freud ne s'est pas arrêté là. Curieusement en s'attaquant à l'analyse des foules, et en réexaminant parallèlement la question du complexe d'Œdipe, il met en évidence que dans les deux sexes, et sous l'impulsion du complexe de castration, l'amour de la mère, qui est l'objet d'amour premier, se transférera sur le père, au-delà duquel il découvre l'amour de dieu. Il met en évidence que cet idéal du père derrière lequel tout être humain s'abrite est une illusion qui consiste à se protéger de l'inconnu, de ce que l'on ne sait pas [*L'Avenir d'une illusion* (6), *Malaise dans la civilisation* (7)].

En dernière analyse, dans *Moïse et le monothéisme* (8), Freud s'aperçoit que l'amour du père, l'illusion de ce pouvoir que l'être humain prête au père, dérive du pouvoir que l'homme prête au mot, et, j'ajoute, à épingler son être en terme de manque.

C'est dire, enfin, que si, pour Freud, le père en tant qu'il est porteur du nom symbolise, en leurre, le pouvoir du mot à incarner l'être du sujet, c'est-à-dire sa toute-puissance qu'il attendait légitimement hériter de ses parents, c'est de l'accession au féminin (9), dans les deux sexes, sous des formes différentes, qu'est conditionnée la fin de l'analyse.

Mais bizarrement il ne voit un renouvellement, en amour, que dans le rapport d'un homme à un autre, et non dans le rapport de l'homme à la femme. Autrement dit, la question du rapport entre un homme et une femme restera théoriquement en blanc.

Position du problème avec Lacan

En ce qui concerne Lacan, rappelons que ses grandes découvertes concernant notre sujet consistaient d'une part à accentuer, à généraliser, par rapport à Freud, l'impact constant du signifiant dans la génération du symptôme. D'autre part, il prolongeait la question de la castration, en mettant en évidence que *c'était du non-rapport sexuel* (10), de l'absence d'une lettre capable de sceller *a priori* le sens du rapport entre un homme et une femme, que dérivait tout symptôme. Et donc que c'était de la prise de conscience des coordonnées de ce manque que dépendait la possibilité d'en guérir, en renouvelant ses rapports au savoir et à l'autre. Ce qui implique en filigrane un renouvellement de l'amour dans la mesure où le savoir que délivre l'inconscient est un savoir sur l'amour.

Cependant la portée de cette découverte et son effectivité dépendent de l'angle sous lequel on la prend. Si l'on s'en tient au pas de rapport sexuel, au pas de rapport entre un homme et une femme, outre le fait que cette négation est provocante et excessive, car les rapports amoureux et sexuel entre un homme et une femme existent bel et bien, le problème essentiel de ce concept, c'est que cette « castration » est extériorisée, elle s'interpose comme un mur infranchissable entre les sexes, par quoi si d'un côté elle alimente à son insu le mythe de l'homosexualité, fondamentalement, et surtout, elle donne à croire à une possible autosuffisance du sujet, en récusant que l'autre sexe pourrait être la source d'un *plus*.

Autrement dit, cet aspect de son pas retombe dans l'impasse de la maîtrise, et donc de l'exclusion, qu'ailleurs il critiquait.

Si à revers on met l'accent et la portée de cette découverte sur l'impossibilité de la lettre à incarner l'être du sujet, un être qui s'avise dans ce rapport dernier, là ce pas de rapport sexuel ouvre des portes considérables et un champ de réflexion nouveau.

Car les questions qui se posent sont : d'où procède ce pouvoir inféré à la lettre à épingler ce rapport ? En quoi ce crédit fait à l'autre est-il à l'origine et de la question de l'amour passion et de la question de la haine ? Quel est le fondement rationnel de l'irrationnel de la haine ? Qu'est-ce qui fait que le sexe est l'enjeu ultime de l'être ? En quoi cette inférence fait-elle obstacle à un rapport positif à l'autre sexe ? Pourquoi l'amour se présente-t-il comme un paradoxe ? etc.

Or si ces différents frayages de Freud et Lacan peuvent paraître comme un patchwork dans la théorie analytique, en revisitant la question de l'amour, nous aurons peut-être l'occasion de montrer comment certains pans de théorie apparemment disjoints peuvent s'unifier.

CHAPITRE II

Le paradoxe de l'amour
Jouissance, folie et souffrance

Dans son sens le plus large, l'amour, c'est le sentiment qui lie le sujet à un autre, dans un rapport de plaisir, ce qui le conduit à vouloir protéger l'autre, et être protégé par lui.

Néanmoins nous devons convenir que cette pureté que l'on désirerait pour l'amour, cette constance, cette protection bilatérale, cette univocité sentimentale qui irait au-delà du moment pour s'éterniser, n'existent que dans les romans. Car le propre de l'amour, c'est d'abord de se constituer comme un *paradoxe*.

Bien qu'étant ce qui fait jouir par excellence, ce qui caractérise le débordement d'émotion qu'engendre tout grand amour, c'est sa propension à tourner au drame, au sacrifice de ses désirs, ou de ceux de l'autre, et parfois de la vie.

Le paradoxe de l'amour, c'est que si par essence la plupart des émotions, des sentiments ont pour origine l'amour, c'est l'aspect irrationnel et inconscient de ces émotions, apparemment sans motions, qui fait difficulté.

Le problème de l'amour, c'est qu'il interroge non seulement ce que l'on ressent, mais *d'où* l'on ressent. Ce en quoi il interpelle *l'être* derrière l'homme. Or c'est dans cette veine inconnue, qu'il fait vibrer au plus profond de soi, que l'amour fait énigme.

C'est dire que si l'amour fait déraison, par la part d'ignorance en soi qu'il révèle, si au cœur de la déraison s'abrite la question de l'amour, c'est que bizarrement, comme le pointait Descartes (1), quand bien même l'amour ferait ressentir cette union de l'âme et du corps, par le biais des émotions (ce sont les émotions qui poussent à l'agir, au rapport sexuel), c'est cette union même qui fait symptôme, dans la mesure où ce qui échappe au sujet, c'est *d'où il ressent...*

C'est parce que la conscience n'a pas prise instantanément sur les émotions qui la dépassent, et parce qu'elles s'originent d'abord à la perception, que l'amour fera symptôme pour l'être humain, en ceci qu'il *s'en sentira l'objet*, avant *d'en être sujet*, parce qu'il le *subira* plus qu'il ne le *choisira*. C'est en cela qu'il deviendra le terrain privilégié de tous les excès en terme de *jouissance*, mais aussi en terme de *souffrance*.

Aussi c'est dans l'exacte mesure où le degré de souffrance en amour est inversement proportionnel au degré de jouissance, qu'il faut nous demander si l'amour peut devenir relatif au sens véritable du mot, relatif à concevoir comme échange entre soi et l'autre, et non assujetti totalement à l'autre, ce qu'implique une passion.

Car, contrairement aux apparences, l'amour peut se lénifier, la raison ayant sa part dans ce qui apparaît du fait de l'*éprouvé*, faussement comme *et-prouver*, le propre de la psychanalyse étant d'avoir démontré que *le cœur a ses raisons que la conscience peut savoir*.

Aussi c'est sur ces deux pôles de l'amour, sur le pôle de jouissance et sur le pôle de souffrance, que nous allons tour à tour nous pencher.

La jouissance en amour

Que l'amour fasse jouir, c'est ce que chantent les poètes depuis toujours, c'est ce que dénote la direction où glisse la pensée dès qu'on l'évoque. L'amour renvoie invariablement au merveilleux, au magique, au transcendant, au mystique, au sacré, au point que la religion catholique ait fait de l'amour son dieu.

Or ce sentiment métaphysique, on le trouve à chaque recoin de son existence, il est au cœur du mystère de la rencontre, au lieu de l'attracteur étrange qui concourt au coup de foudre, il est dans le réveil du vivant, dans l'espoir plein de joies d'avoir trouvé celui ou celle qui manquait dans la fadeur ronronnante de l'existence, il est dans la révélation des émotions endormies et la génération de nouvelles, il est dans la recrudescence du désir sexuel, dans le sentiment de complétude que procure la simple idée de se retrouver avec l'autre. Enfin il est dans ce sentiment de puissance qui donne à celui qui en est frappé le désir de soulever des montagnes, de réaliser pour l'autre ce qu'il n'aurait jamais réalisé pour lui seul, en lui ôtant toute frilosité.

Mais encore, l'exaltation de ces désirs, c'est cette force qui tire vers le même sur fond de différence, c'est cette force qui reconnaît du même et cherche à découvrir la différence, l'altérité qui lui échappe. C'est cette joie de n'être plus seul, de découvrir une main qui accompagne, le désir de trouver une épaule sur laquelle se reposer, de s'abandonner sans que l'autre profite de ses failles. *Autrement dit, le désir de jouissance en amour : c'est l'aspiration au repos dans la reconnaissance de ce qu'il aurait fallu pour engendrer du même.*

Ce conditionnel venant témoigner que l'espoir d'être enfin complété par l'autre, celui que l'on attendait, s'étaye sur un leurre, le leurre de l'identité du couple dont procède le désir de jouissance. Or la bizarrerie de la chose, c'est que cette aspiration à la complétude s'appuie à l'origine sur un manque.

De quel manque s'agit-il ?

Lorsque l'on examine ce qui déclenche l'amour, il se trouve que l'autre nous attire à son insu, s'il nous *touche*.

Or il ne nous touche que s'il nous donne ce qui nous a manqué spécialement avec nos parents, s'il se comporte avec nous comme on aimerait parvenir à le faire, sans forcément y arriver.

Il nous touche parce quc soudainement, sans le savoir, il se met à combler ce qui nous manque.

Quelqu'un dont les parents n'ont jamais été attentionnés à son égard sera touché par la délicatesse d'une attention ; un homme qui n'a jamais été agressé par sa mère sera touché par des élans agressifs, passionnels, par opposition à un amour trop réfléchi ; tel autre qui a manqué de gestes tendres sera touché par une telle liberté ; une femme qui n'a jamais été considérée comme femme par sa mère sera frappée par l'acceptation de sa féminité par un homme, etc.

L'émotion à l'origine de l'amour s'ordonne à une reconnaissance de ce qui nous a manqué dans le passé. C'est le sentiment de ce sens qui est à l'origine d'une attraction de fond, d'un désir de jouissance.

Le désir de jouissance, c'est-à-dire le désir de faire un pont par corps, par le sexuel, par la parole, entre ce qui nous manque, mais dont on *ignore* la cause enracinée dans l'inconscient, et ce que l'autre représente comme complétude.

Le désir de faire un pont entre soi que l'on considère comme manquant et l'autre qui, parce qu'il nous donne inconsciemment ce qui nous a manqué, brutalement se parera de toutes les qualités.

En ce sens, l'autre se substituera comme limite interne à sa propre raison, il deviendra la raison de vivre du sujet, le centre de ses pensées. L'autre fera limite externe à ce que l'on ne sait pas.

Or c'est en creux de ce manque qui nourrit l'illusion de possible complétude, un manque que visent à effacer l'agir, le rapprochement, que dérivent et le désir de jouissance et la source de souffrance.

Car le curieux de l'amour, c'est que si l'émotion qui

régit le déclic amoureux s'enracine dans un savoir, c'est dans la mesure où ce savoir est inconscient, où le sujet ignore totalement le réseau de déterminations qu'elle recouvre, que cette même ignorance, à la source d'un désir de jouir de l'autre, d'une attraction d'apparence métaphysique se retournera, à l'épreuve du réel, en souffrance.

C'est cette même ignorance qui au bout d'un moment se retourne contre le sujet et l'autre, en produisant une tension rivale, un sentiment de déraison, de l'agression, de la souffrance et parfois une séparation.

À y regarder de plus près, le désir de jouissance est le désir de s'unir avec l'autre, de se nourrir de lui, le désir de sa présence, mais il consiste dans le désir d'être son objet de jouissance, et dans le désir qu'il soit son objet de jouissance. Il consiste dans le désir que l'autre s'abolisse pour soi et de s'abolir pour lui. Car le désir de jouissance est une façon de s'étourdir sur la différence qui néanmoins sépare deux êtres, la différence entre ce que l'on attend et ce que l'on peut espérer.

Mais il y a plus. La jouissance et le désir de rapprochement consistent paradoxalement, et nous le verrons dans le chapitre sur le sexuel, en un mouvement de désidéalisation de l'autre ; la jouissance a bizarrement trait à une part de haine inconsciente qui vise à restituer au sujet l'idéal de savoir où inconsciemment le sujet avait hissé l'autre. Car corrélativement à ce mouvement d'idéalisation indexé à une part d'ignorance de soi révélée par l'autre, naît un désir de savoir qui est l'autre, autrement dit de reconnaître ses failles, pour les utiliser si besoin. *Sans que néanmoins le sujet soit instruit en quoi que ce soit sur ce qui lui manque à lui personnellement et que l'autre lui découvre.* Le problème, c'est que les trous seront décalés, que le sujet ne trouvera par le chaînon manquant que ce que l'autre semblait pouvoir lui apporter.

Le symptôme de l'excès d'engagement qui régit tout amour au départ, c'est que le sujet s'engage avec l'autre, en se dégageant sur l'autre de ce qu'il représente sur ce qu'il est supposé savoir de ce qui lui a manqué dans le passé. Or c'est parce que le sujet ignore les motivations inconscientes qui régissent ces émotions, à savoir ce qui le touche, qu'il transférera le sens inconscient de ces émotions dans l'autre, à qui il prêtera un savoir sur lui. Il transférera par là même sa limite interne, la référence qu'il est pour lui-même, à savoir *sa raison, dans l'autre, qui s'y substituera, pour lui, de façon à faire loi.*

Et c'est par ce mécanisme de crédit, de transfert de savoir, d'où naîtra paradoxalement le sentiment de dette et de culpabilité, que l'autre se déifiera.

La part de folie inhérente à l'amour

C'est à l'aune de ce mécanisme transférentiel que s'intrique la dimension maladive de l'amour, et plus précisément le rapport de l'amour à la folie, qu'éclaire de façon macroscopique la paranoïa. Car si ce mécanisme est exalté comme quelque chose de métaphysique au départ de la relation, le propre de cette ignorance est de pouvoir rendre fou.

Il existe à cet égard une forme spéciale de paranoïa qui se dénomme l'érotomanie. Or outre le fait que l'érotomanie s'apparente à l'hystérie, qui s'attachera, pour des raisons historiques, à lire l'amour derrière l'indifférence ou la haine, néanmoins dans ce qu'on appelle une « psychose », cette érotomanie peut aller très loin.

Le propre de l'érotomanie, c'est d'aimer quelqu'un, le plus souvent *nommé*, qu'il ou elle ne *connaît* pas, c'est-à-dire que l'érotomane en vient à aimer l'autre de façon purement fantasmatique, et en cela l'érotomanie, c'est la grimace folle de l'amour. Car ce n'est que dans la mesure où l'autre ne le connaît pas qu'il peut se reconnaître en lui. Par quoi, il annonce en clair la dimension *narcissique de l'amour*. C'est dans un non-rapport à lui que lui trouve le secret d'un rapport plein à l'autre.

C'est dans cette *non-identification* qu'il pourra identifier l'amour total, *par quoi il connote dans le réel la part d'indéterminé de l'amour*.

L'amour pour l'érotomane ne consiste qu'à être *inconscient*, c'est-à-dire *en puissance*. Par quoi, dans le doute réel sur l'amour de l'autre, lui trouvera sa certitude de désirer aimer, sans avoir à se coltiner la difficulté *d'être aimé*, car être aimé confronte directement le sujet à la difficulté de *répondre* à l'idéal où l'autre le rehausse. Et c'est de cela que l'érotomane se défausse, et parce que l'amour questionne le *problème du semblant*[1].

Mais ce qui est important à remarquer dans la forme folle que revêt cet amour, c'est qu'il faut qu'il soit pris exclusivement dans le registre de l'imaginaire pour faire rêver à sa totalité.

Aussi la vérité qui revient en clair de cet amour non déclaré par la parole, mais le plus souvent *par lettre*, c'est que l'amour, comme *tout*, ne s'adresse qu'à soi, qu'il se fonde sur un *mensonge*, et que non seulement il se trompe de personne [comme le mettait très justement en évidence G. Pommier (2)], mais encore qu'il se trompe sur la *notion* de personne.

Ce en quoi contrairement à ce qui se dit dans les manuels de psychiatrie, la phase de dépit, le retournement de l'amour en haine, surgit le plus souvent quand le sujet s'approche de son objet, et que cette proximité pourrait seulement lui ouvrir la possibilité de la réalisation de cet amour.

Mais il y a plus, en ce qui concerne le « paranoïaque ». Car il est clair que lui est aux prises avec la position de l'exception. Et ce, au-delà de la forme érotomaniaque que peut revêtir cette maladie.

Et parce qu'il est en proie à la question de la création. C'est précisément parce qu'il *crée*, qu'il se croit effet de l'amour de quelqu'un de *re*nommé. C'est parce qu'il se sait en position d'exception par sa création, qu'il est certain que quelqu'un de renom l'aimera.

Il n'y a pas un seul « fou » qui n'invente pas, pas seulement dans le délire, car la création de symptôme délirant personne n'en est exempt (à ceci près que lui le dit, lui en souffre de cette folie qu'il ressent, là où le névrosé la refoule), mais aussi dans la connaissance.

Or tout le problème de la psychiatrie, par rapport au dit paranoïaque, c'est qu'*elle le croit*, elle croit à sa certitude délirante. Or ce savoir fait certitude pour lui en *apparence*. Mais non réellement. Il n'y a pas à le *croire* lorsqu'il fait savoir qu'il n'y a pas de raisons inconscientes à ce qu'il croit de façon délirante. Et c'est là qu'il met à l'épreuve l'analyste.

Mais ce qui fait qu'il est malade, c'est qu'il aura du mal à parler vraiment de lui, qu'il pourra écrire, mais qu'il ne pourra pas *dire* ce qui sous-tend sa souffrance. C'est sa propre lâcheté qui le rend fou. C'est la peur de son imposture qui le conduit à passer par l'amour-haine du renom, de peur d'accepter son propre renom, si sa création venait à passer dans le réel, ce qui le contraindrait à être reconnu. Il a peur de ne pas être à la hauteur de ce qu'il crée. *Car au fond il a peur d'être épinglé comme manquant.* C'est en cela que la question du père du nom est mise dans le délire à la question. Dans le délire comme ce qui, du nom, aurait dû protéger de façon unifiée, par lettre, le lien du créé, fait d'écrit, avec celui qui crée vivant de chair et d'os.

La paranoïa se soulageant lorsque le nom du père s'éclaire comme impropre à couvrir, à sceller par lettre, la part d'indéterminé propre à la raison, impropre à sceller, en un sens plein, le lien de la chair vivante et de la lettre morte, et la nécessaire solitude où conduit la création en ceci qu'elle dépasse l'identification à l'autre, car *elle lui répond*.

C'est dire que s'il y a une différence entre la psychose et la névrose, elle se traduit éventuellement, non par une *discontinuité*, mais par une extrémité qui s'avère en *continuum* de la normale. L'expérience prouve qu'ordinairement le paranoïaque se débrouille pour atterrir à l'hôpital psychiatrique, il se débrouille pour faire savoir que ce qui noue l'amour à la mort, dès qu'il est pris dans la dimension de tout, est *délirant*, ce en quoi il se fait déchet de l'inconscient, pour être soigné. Car ce fantasme le fait souffrir.

Et quand bien même dans sa phase de dépit il parlerait de son fantasme de meurtre comme réponse à la haine d'un autre, derrière lequel il s'abrite pour ne pas se confronter au leurre d'où prend corps ce désir, il faut savoir que ce désir de meurtre n'est que la traduction d'un laissé tomber concernant l'amour, une façon de maintenir l'amour *absolu* comme *possibilité*.

Or le délire peut se dégonfler, à la condition que le patient prenne acte de ce *laissé tomber* sur la question de l'amour, de sa peur de s'engager par dire, qui au-delà de la haine était *refoulé*, d'autre part lorsqu'il découvre que son choix d'objet, l'amour lui-même (comme dans la névrose), s'avère épingler des désirs propres au sujet, une similitude avec tel ou tel membre de sa famille, et jusque dans son nom qui révélait un sens caché cristallisant un désir inconscient du sujet.

Ce qui est intéressant à noter dans la passion, c'est qu'elle n'est maladive que lorsqu'elle s'arrête à l'autre, et que l'autre devient le monde entier [2]. Elle tend à renverser l'amour en haine, lorsque le sujet est agi, lorsqu'il n'est que l'effet d'un amour qui le dépasse, par un sens équivoque compris dans les mots. Une équivocité de sens qui peut se renverser en se projetant comme une duplicité de l'autre, comme une perversion à quoi le sujet tentera à l'occasion de parer par un rapport de force.

Or si la psychose jette une vive lumière sur les mécanismes inconscients qui président au pathologique de l'amour, dans la normale, c'est à plusieurs titres.

— D'une part, parce qu'elle illustre le tiraillement entre l'amour fou pour un autre et la difficulté de créer, dans la mesure où l'un comme l'autre mettent à l'épreuve l'être du sujet, mais surtout parce que l'amour dans sa dimension d'absolu se substitue au désir, à la nécessité de créer.

— D'autre part, en ceci qu'elle montre caricaturalement comment l'excès d'amour se renverse en haine, et que la haine de l'autre n'est qu'un prétexte pour légitimer la sienne, cette haine qui se cachait derrière l'amour absolu.

— Enfin parce qu'elle déclare dans le réel qu'il y a quelque chose de fou dans l'amour, expressément le transfert de ce que l'on ignore de soi, que l'autre nous révèle... et que l'on projettera comme une toute-puissance imaginaire de l'autre, ce dont l'érotomanie se protège en restant au départ à distance de son objet, en le choisissant expressément comme *impossible*, à ses dépens. Ce dont témoigne le délire.

Ce qui sépare le névrosé du psychotique, ce n'est pas un mur, car ces questions sont communes, c'est que là où le fou se défendra de jouir de cet artifice, en tenant en respect son objet, de peur de se confronter à son réel, à l'inadéquation de la jouissance effective à celle que le sujet attendait en se limitant à croire, le névrosé tentera, lui, d'en jouir, puis sera confronté à une souffrance inversement proportionnelle au degré de jouissance qu'il rencontrera avec l'autre.

Autrement dit, alors que le fou se préserve de la jouissance, pour ne pas être confronté à l'inadéquation entre ce qu'il croit de l'amour et ce qui est, le névrosé ne fait que douter de son fantasme (et non de la réalité), et s'il le met à l'épreuve du réel, c'est qu'inconsciemment de façon folle il attend de rencontrer ce qu'il croit et qui n'est pas.

Comme le « fou », il ne veut pas croire à la dimension d'artifice qui conditionne une passion pour un autre.

Cet artifice relevant de la dimension d'absolu, de totalité de l'amour, d'identité qu'à son insu le sujet attend de l'autre, la réalité de l'amour tenant, elle, à un relatif, à la nécessité de faire une part égale entre soi et l'autre en acceptant sa différence. L'absolu que l'on voudrait pour l'autre ne faisant que refléter l'absolu que l'on voudrait être, le savoir total dans lequel, par le médium de l'autre, le sujet se projette.

La rencontre avec le leurre qui préside à la jouissance, et son renversement en souffrance

Alors qu'est-ce qui fait souffrir en amour, comment la souffrance fait irruption, petit à petit, insidieusement, ou brutalement, dans l'horizon bleu d'un grand amour ?

Je commencerai par dire que cet accroc relève de la *jouissance*, qui, pour être *réelle*, n'en relève pas moins d'une *fiction*. D'abord parce que la jouissance rate ce que l'on attendait, la jouissance rate son objet, ce que mettait très justement en évidence Lacan (3).

Néanmoins si ce constat est une grande découverte, la question, c'est *en quoi le désir qui préside à la jouissance se trompe-t-il de cible* ?

Il se trompe de cible en ceci que le sujet pense que c'est dans l'autre que réside le secret de sa complétude, en ceci que c'est de l'autre qu'il fait l'enjeu de son être. Le problème de ce qui pousse à la jouissance, la déception, l'impossibilité à laquelle le sujet se heurtera régulièrement, c'est qu'il pense récupérer par une voie concrète, par l'autre, par le sens qu'il tente de ressaisir dans l'autre, ce qui lui manque à lui, et que l'autre lui renvoie. Ce qu'il ne peut retrouver que par une voie abstraite, en remontant dans le passé, en s'interrogeant sur lui-même, en se servant de sa pensée. Or s'il a peur de ce retour sur lui-même, que propose notamment l'analyse, c'est que s'il peut récupérer quelque chose par l'analyse de ce qu'il est, de son réel, ce n'est pas la toute-puissance qu'il attendait de l'autre et au-delà de ses parents que cet autre représente, mais seulement la possibilité de débloquer, d'ouvrir ce qui faisait symptôme en lui en libérant sa raison, c'est-à-dire en libérant la simple possibilité de lutter pour réaliser son désir, dont inconsciemment il s'était barré l'accès, et que l'autre, l'aimé, symbolisait comme complétude.

Mais il y a plus. Car c'est dans la mesure où il jouit non de l'autre comme tel, mais d'autre chose, de son inconscient, qu'au bout d'un moment ce désir de jouissance s'éteindra pour laisser place à la souffrance.

Illustrons ces questions par un exemple.

Une jeune femme très bien, issue d'une noblesse très ancienne et saturée par les avatars de son éducation, tombe amoureuse d'un homme qui, tout en étant pervers, l'aime pour sa noblesse et pour sa pureté.

D'un côté, elle est attirée par lui parce qu'il l'aime pour cela, et, de l'autre, elle ne comprend pas comme elle peut s'attacher à un type aussi ignoble malgré ses qualités intellectuelles. Mais néanmoins le fait est qu'elle vit une passion avec cet homme dont elle ne peut se détacher.

Ce qu'elle découvre, c'est qu'elle s'accroche à lui parce qu'il est « pervers » comme sa mère, et si elle s'humilie pour lui, si elle se laisse maltraiter, c'est pour épurer l'amour de son versant *ignoble*, pour qu'enfin la *noblesse* de l'amour triomphe.

En tentant de l'anoblir, quitte à se prêter au pire, elle tentait de reconstruire inconsciemment le lien à sa mère, qui par moments ne surmontait sa part d'ignorance inhérente au rapport sexuel d'où elle était issue, *d'où procédait la noblesse de son lien de sang*, qu'en la rabaissant de façon ignoble.

Autrement dit, elle ne peut dénouer son attraction curieuse pour cet homme, non seulement en s'apercevant d'abord qu'elle rejouait une relation passée avec sa mère, mais encore en prenant conscience de l'*agressivité* de sa mère qu'elle avait toujours effacée en essayant de la « comprendre ». Et quand bien même cette agressivité était source de souffrance et de haine inconscientes, à son insu c'était la capacité à la rabaisser qu'elle idéalisait, au lieu de saisir la part d'erreur de torts maternels, au-delà desquels se cachait une faillibilité. C'est dire qu'elle maintenait la toute-puissance de l'ignoble en se laissant maltraiter pour pouvoir jouir en toute tranquillité d'une noblesse qu'à ses dépens elle maintenait comme absolu de son côté.

Aussi, ce qu'il faut saisir, c'est qu'*inconsciemment* le sujet préfère haïr ses parents, plutôt que de reconnaître leurs erreurs.

Car l'Œdipe, ce n'est pas l'amour apprivoisé que l'on évoque lorsque l'on parle de l'enfant, *l'Œdipe, c'est l'impériorité des désirs que l'enfant éprouve envers ses parents*, *nommément le désir d'en faire des dieux envers et contre toutes les erreurs qu'ils commettent, car c'est ça le rôle de la haine*.

Mais il y a plus à dire, en ce qui concerne cette jeune fille, et précisément à propos de son choix d'objet qui la faisait souffrir, dans lequel elle ne se retrouvait pas. Sa souffrance était liée au fait qu'elle n'était jouée, au-delà de l'autre, que par une chaîne de mots inconsciente, qui se répondait pour faire sens sur la question de la haine dans la filiation. L'*ignoble* n'étant que le rejet de la part d'*ignorance* de la procréation, que le mot noble ne pouvait pallier, bien que ce fût pour lui, pour l'idéal d'un amour sans limite qu'il représentait, que sa mère la rabaissait.

Afin de contourner l'impossibilité de cette identification signifiante à *les unir a priori* en totalité.

Le mot *ignoble* que l'homme représentait, et contre lequel elle se battait, condensait par lettre le mot *noble* et *ignore* qu'elle représentait.

C'est dire que là où l'on croit être joué par un autre, être dépendant d'un autre, en en jouissant coupablement, on est en réalité joué par des désirs inconscients allant à contre-pente l'un de l'autre (si cette jeune fille qui exaltait la noblesse de cœur était attirée par l'ignoble, c'est qu'elle se défendait d'un désir inconscient d'être ignoble), dont le sens se cristallise dans un *jeu de mots refoulé* que l'autre ne fait que métaphoriser.

Ce n'est que lorsque l'on prend conscience de ses désirs paradoxaux, de sa haine inconsciente, qui répond à la haine de l'autre, lorsque l'on prend conscience de ce dont on est la scène et la pièce manquante, que l'autre devient réel, parce que l'on n'est plus brouillé par des désirs paradoxaux qui nous coincent dans une impasse, pour l'autre, à ses dépens.

La psychanalyse change la donne de l'amour, car il est possible de se laisser guider dans l'amour par un choix non totalement irrationnel.

Il est possible d'aimer quelqu'un pour autre chose que la façon spécialement tordue dont son père ou sa mère l'a aimé pour le garder.

Or inconsciemment c'est ce tort que l'on va chercher pour tenter de le redresser.

La souffrance en amour, la dépendance à l'autre

Si avec l'amour on touche au domaine du magique, cela n'éteint jamais l'idée que le rêve que l'on vit peut virer au cauchemar. Car ce qui est angoissant, c'est la dépendance imaginaire à l'autre qui se vit comme réelle et indépassable *a priori*.

Or ce qu'il faut saisir, c'est que cette dépendance est tributaire non de l'autre comme tel, mais de l'inconscient. L'amour, ce n'est pas comme nous l'avons déjà dit parce que c'était lui, parce que c'était elle, en totalité, bien qu'on ait l'idée qu'il faudrait que cela le soit, c'est d'abord parce qu'il fait rappel à un amour passé.

Pourquoi aime-t-on celui-ci ou celle-là ?

Parce qu'il ressemble à son père par certains côtés, à sa mère par d'autres, parce qu'il est l'ébauche d'un idéal, parce que manifestement il complète ce que le sujet souhaiterait faire sans pouvoir le réaliser, parce qu'il a telle ou telle famille, le père, la mère auxquels on avait rêvé, parce qu'il est sadique comme sa mère, en même temps qu'il est généreux, parce qu'il se présente comme un objet sexuel, et qu'il permet au sujet de se dégager de cette position où dans son enfance il était projeté par l'un des membres de sa famille. Mais de plus, au-delà de cette relation passée, de ces traits, de certaines relations traumatisantes qui s'y reproduisent avec lui de façon amoindrie, cette identification s'accroche à son prénom, à ses initiales, et jusque dans son nom. Le nom de la personne choisie condensant régulièrement, dans un sens équivoque, un désir inconscient du sujet.

Aussi savoir à qui l'autre se réfère est fondamental pour le sujet, car ce n'est qu'en ayant conscience de cette loi qui préside à l'inconscient qu'il est possible de prévenir la dérive de cet amour vers la souffrance et la rupture. Car ce qui fait que l'autre se déifie, et que cette déification sera le ressort du sacrifice, c'est l'identification inconsciente qui fait que l'autre deviendra deux, et que c'est pour l'impossibilité d'être deux comme un tout que le sujet se laissera tomber.

Pour cela, il suffit que l'amant passe d'une position d'effet à celle d'agent, il suffira que l'amant accède à ce qui déterminait cet amour dans l'inconscient pour véritablement le choisir.

Car c'est du fait même que *ces conditions* sont soustraites à la conscience, que cet amour se transforme en amour *inconditionnel*. Ce qui assujettit le sujet à la merci des caprices de l'autre. Et ce d'autant plus que cette dépendance est renforcée par la question de la perte.

La souffrance et la perte d'amour

C'est souvent cette peur d'être en proie à une perte d'amour qui conduit certains sujets à l'anticiper et à la précipiter pour ne pas faire perdurer l'épée de Damoclès que représente pour eux la fin de la relation. À quoi est liée cette peur de la perte d'amour ?

À tout ce que l'on projetait sur l'autre, à tout ce qu'on en attendait, au narcissisme qu'il renflouait. Mais la peur de perdre l'autre indique que ce qui est refoulé, c'est l'idée que l'autre est un sujet, et non objet. Avoir peur de perdre l'autre oblitère le fait que ce que l'autre désire comme soi, c'est l'amour, et parce que cette peur se repose sur le non-dit, sur l'inconscient pour aimer, là où seul le désir, la parole est susceptible de renouveler ce lien en fonction de nouvelles coordonnées. La peur de perdre l'autre consiste sur une *lâcheté*, dans le refus de dire ce qui ne va pas, en *attendant* que l'autre *change*, il consiste dans le refus d'essayer de trouver une solution qui pourrait convenir aux deux.

Mais il y a plus car la peur de la perte d'amour relève du désir de *perdre l'autre*, afin de ne pas être confronté à l'imaginaire d'une *énorme responsabilité qui n'incomberait qu'au sujet.* Ce qui est occulté, dans cette idéalisation du couple, c'est que *deux* sujets sont en cause pour édifier l'amour et non lui seul. Ce qui est occulté, c'est la part de responsabilité de l'autre dans la relation, sa part de désir, sa possibilité de renouvellement, sa possibilité de symptômes *différents*.

Enfin la peur de la perte d'amour a une histoire familiale sur laquelle il y a lieu de revenir, pour que la question de l'amour puisse se créer au lieu de tomber sur une fatalité dans laquelle inconsciemment le sujet a sa part. L'échec devant là encore se concevoir comme une réponse inconsciente à ce qui s'est mal passé avec sa famille, spécialement avec ses parents.

C'est dire que le problème de l'amour, quand il a l'air démesuré, quand il conduit au sacrifice de soi, à la mort ou à revers au désir de meurtre, c'est que *cette démesure a trait à une charge de haine, que tout amour porte dans son dos comme sa croix.*

Car la bizarrerie de l'amour, c'est que pour tenir d'une nécessité vitale, cette nécessité ne supporte pas la démesure, c'est-à-dire le faux quand bien même ces effets seraient réels en terme de jouissance et en terme de souffrance. Et cet amour vrai, difficile à soutenir, n'a rien à voir avec le sacrifice, avec dieu auquel il s'adresse. Car le sacrifice divin, l'exaltation silencieuse de soi, qui met dieu au cœur de la relation, dieu comme tout, n'est pas du registre de l'amour, mais du registre de la haine.

Mourir pour l'autre

Aussi malgré l'allure hyperromantique de ce qui dans l'amour mène à la mort, s'abandonner pour l'autre, mourir pour l'autre, n'a rien de virginal. Ce symptôme témoigne d'une aliénation massive à l'autre, qui, contrairement aux apparences, s'ajuste à un fond de haine inconsciente. *Car si l'on se tue, c'est pour ne pas tuer l'autre.*

C'est à défaut d'obtenir de l'amour autrement qu'en se soustrayant de son désir de meurtre, qu'une lâcheté se produit. Car si l'individu veut disparaître, c'est pour que l'autre se pose des questions, que lui ne veut plus se poser, et qu'il ne veut plus poser à l'autre.

Mais sa peur de dire, sa peur de faire changer l'autre, de s'affirmer, de dire la *souffrance* que l'autre peut lui occasionner, par fierté mal placée, tient à une identification inconsciente.

Car ce n'est pas à l'autre comme tel qu'il s'adressait mais à quelqu'un de sa famille, l'autre réactivant un type de relation qui le mettait en position d'objet, qu'il *maintient* à son insu dans l'actuel avec l'autre, en ne disant rien, en se laissant tomber.

Aussi lorsqu'il se retrouvera dans le filet inconscient que l'autre lui reflétait, alors il pourra redécouvrir l'autre dans sa réalité et il pourra s'engager.

Ce que nous pouvons apporter de nouveau, c'est que l'engagement réel en amour implique des *limites*, contrairement au préjugé qui entoure ordinairement la notion de l'amour. Car le problème de l'homme auquel s'ajuste en dernière analyse la question de la perte, c'est que son choix pathologique en amour se résume en *plutôt rien que pas tout*…

Venons-en à présent aux mécanismes en jeu dans la souffrance.

Les ressorts de la souffrance en amour

D'un côté, la souffrance s'adresse à l'autre, elle demande silencieusement qu'il change, elle retourne l'agressivité du sujet envers l'autre contre lui-même. Cependant, à côté de cela, elle fait toucher du doigt au sujet que *c'est lui qui souffre*. C'est dans son corps qu'il souffre, et pas l'autre qu'il voudrait toucher.

Cependant, la souffrance a ceci de curieux qu'elle provoque *des questions* qui concernent intimement le sujet. Quelqu'un me disait : « Quand je souffre, je me pose des questions. » Or contrairement à l'allure étonnante que pouvait revêtir cette remarque, là où on aurait pu s'interroger sur la faible curiosité du personnage pour se gargariser de la sienne, il fallait entendre autre chose. Ce qu'il voulait dire, c'est que l'horreur des questions qu'il se posait, c'est qu'elles ne trouvaient pas de réponses, dans la mesure où elles oscillaient sans cesse entre sa faute imaginairement pleine et celle de l'autre, c'est qu'elles dérivaient sur le manque d'amour qu'il ressentait de la part de certains membres de sa famille, sur sa culpabilité, ses fautes, ses mensonges, en fatalisant sa solitude, en l'emmurant dans un silence qui lui bloquait toute issue.

Mais le curieux de la souffrance, c'est qu'elle a toujours comme corollaire la peur de la pensée, parce qu'elle pourrait faire toucher du doigt sa propre agressivité, au-delà de celle de l'autre. C'est dans cette abstraction du dire, de la parole, en quoi consiste le vol, qu'intervient au cœur de la souffrance la dimension de la jouissance.

C'est dire que si la souffrance se caractérise par un refus, un refus de jouir de l'autre, le sujet qui souffre n'est pas exempt de jouissance. Il jouit de son fantasme de l'amour absolu qu'il se met à incarner, en condensant sa faute et celle de l'autre, comme si c'était les mêmes, pour engendrer en terme d'en-moins une identité, une correspondance imaginairement pleine qui se fait à ses dépens, afin de faire écran au fait que s'il se mettait à dire à l'autre, à dire ce qui le fait souffrir, cela lui aurait montré l'impossibilité de cette identité, l'impossibilité de cet amour absolu que laissait à désirer le silence, en tant qu'il appelle l'identité par la nomination.

En effet, le retournement de l'agressivité de l'autre contre soi en quoi consiste la souffrance, c'est-à-dire en une prise au mot, en une prise de l'autre dans ses conséquences, consiste à mettre un voile sur cette agressivité, afin de ne pas être confronté à la sienne propre, dans la mesure où elle reflète au sujet que son amour pour l'autre n'est pas total comme il voulait le croire. La jouissance de la souffrance provenant de cette négation de l'autre dans sa dimension de haine, de la croyance que le sujet est seul à aimer, que cet amour ne peut qu'être sacrificiel et condamné, parce qu'il se profile dans une perspective d'absolu de tout et d'identité.

Néanmoins quand bien même la souffrance serait source d'un certain type de jouissance, loin d'être seulement agressive, c'est surtout parce qu'elle touche le sujet dans son être le plus intime, qu'elle est propice à une entrée en analyse.

Aussi la question qui se pose, c'est le rapport de l'amour à la haine, puisque nous pouvons nous rendre compte, à l'aune de ce trajet, qu'il organise en filigrane, à bas bruit, la question de la jouissance et de façon tangible la question de la souffrance.

CHAPITRE III

L'amour et la haine

L'énorme pas de la découverte analytique consiste, nous l'avons vu, à avoir décelé la haine non seulement au cœur de n'importe quel amour, mais dans la filiation à laquelle tout amour se réfère. Mais s'il nous faut éclairer le rapport de l'amour à la haine, c'est afin d'examiner si oui ou non il est possible de renouveler l'amour. Autrement dit, s'il est possible de soulager l'amour de son poids de haine dont tout amour est affligé.

Car faire comme si la haine était le corrélat obligé de l'amour éteint la question, éteint la différence des modalités qui organisent le lien à l'autre, en interdisant tout accès à la possibilité que l'amour se renouvelle.

Aussi avant d'examiner ce qui préside à la haine, il nous faut appréhender, déceler l'existence de la haine derrière les différents jeux de l'amour.

La séduction

Parler de haine dans la séduction est paradoxal, et pourtant elle s'y exprime quand bien même elle serait à peine perceptible.

Désirer séduire quelqu'un signe que l'on a été touché, qu'un manque en soi a été épinglé inconsciemment par l'autre : sa beauté, un bout de son corps, un regard, une attitude, *une parole*. Cependant, à revers de cela, la dimension de conquête consiste en un mouvement contraire de désinvestissement, où le sujet cherche à toucher l'autre à son tour, cherche à saisir sa faille, pour tenter de le tenir. Il peut chercher cela activement, ou passivement en cherchant à être déçu, en cherchant à le déchoir du piédestal où inconsciemment il l'avait mis. Il cherche la faille de l'autre, pour qu'il lui prête à son tour du savoir, et pour s'offrir une possibilité de mise à distance. Autrement dit, ce fond de haine inconsciente consiste à se remettre à pied d'égalité avec lui, en cherchant à le saisir dans son manque. Car la séduction consiste d'abord en un jeu où se marquent les coups.

Cependant ce test ne cherche pas une mise à mort totale, car derrière cette tentative se cherche une résistance, autrement dit une limite qui accepte, une limite qui saurait les conditions de ce jeu, *une limite où pouvoir s'abriter avec son manque*.

C'est dire, et nous le vérifierons plus amplement, que derrière toute haine quelle que soit sa forme, quel que soit son enrobement, ou son extrémité, il y a une demande d'amour et de protection. Attachons-nous à présent à la perversion.

La perversion

La perversion est ordinairement décriée comme l'horreur la plus atroce, et pourtant elle fait partie du jeu dont relève tout amour.

La perversion attire, parce qu'elle alimente la demande de l'autre, en soulignant ses manques, en faisant comme si la demande était d'un seul côté, mais en tout cas pas du sien.

La perversion consiste à entretenir l'amour, du côté de l'autre, sans s'engager avec lui. C'est une forme de haine, de mise à distance de l'autre, qui ne tient qu'à une *peur de l'amour*. Une haine masquée sous l'apparence d'un dégagement total que figure le « je n'y suis pour rien ».

La perversion relève essentiellement d'une peur de s'engager avec l'autre, d'une peur que l'autre repère sa haine inconsciente, c'est-à-dire son manque, et le rapport douteux que le sujet entretient avec lui-même, par quoi elle se repose sur du *chantage*. Elle fait écran à l'engagement total, absolu, que la perversion suppose de façon erronée à l'amour, par quoi elle jouit de façon cachée de sa haine, elle jouit du manque de l'autre, pour l'aveugler sur les siens. Mais elle jouit surtout que l'autre ne sache pas de quoi réellement, effectivement, le sujet jouit. Or c'est ce savoir de l'autre que la perversion attend. Le « pervers » veut être arrêté sur son manque, sur sa jouissance. Car la façon dont on traite l'autre n'est que le reflet du désir d'être traité par l'autre comme on est avec lui. Et parce qu'elle correspond à une faute inconsciente dont le sujet n'a de cesse de la faire payer à l'autre à défaut, en attente de la payer lui-même.

La bizarrerie de la chose, de ce mode de rapports, c'est que l'on s'y prête, c'est qu'il trompe, c'est qu'il puisse même être à l'origine d'une passion. L'hystérique se prêtant expressément à la perversion, il peut être réduit à aimer quelqu'un de façon unilatérale. Son symptôme provenant de ce qu'il ne peut aimer en s'engageant avec quelqu'un que s'il est dégagé. Et parce que le soulignage de sa demande *impossible* lui fera enfin éprouver du désir. Or c'est le plus souvent à ce niveau que se cristallisent toutes ses difficultés. Mais s'il jouit de la perversion, s'il se prête à la perversion, c'est que la perversion fantasmatique qui sous-tend son désir lui revient de façon reflétée. Aussi ne se prête-t-il en souffrance à la perversion que pour faire taire sa haine inconsciente *qui, lorsqu'elle est marquée, se révèle comme sa vraie face, à savoir une demande d'amour sans fond où le sujet tend à se perdre.*

Le sacrifice

Passons au sacrifice qui, lui, n'a pas l'air de faire partie du jeu de l'amour, qui, lui, n'a l'air que de procéder de la sainteté nécessaire, exemplaire de l'amour, et qui pourtant relève d'une part de haine inconsciente, d'une part économique, où la gratuité n'est pas totalement de mise.

Et s'il est vrai qu'il y a du sublime dans le sacrifice, dans l'abolition de soi pour l'autre, cette dimension sacrificielle de l'amour pallie devant autre chose, pallie autre chose.

Le sacrifice procède d'une idée de l'amour total, de la croyance *en cette possibilité qui n'épargne personne, de la croyance délirante à la possibilité de faire un à deux, d'être à l'unisson, de penser les mêmes choses, d'être en accord sur tout, d'être identiques totalement l'un à l'autre.* Le sacrifié s'attache à réparer, à colmater cette impossibilité en s'oubliant, en oubliant ses désirs pour d'autres, en se tuant pour que l'autre vive, en s'étouffant de tout faire pour que l'autre nous aime. Car le sacrifice est le sacrifice de sa différence, c'est-à-dire le sacrifice de sa raison. Le problème du sacrifié, c'est qu'en misant tout sur l'autre, en faisant à la place de l'autre, à force d'usurper sa place il la nie, c'est qu'en bouchant la demande d'amour de l'autre, il ne pourra que s'en plaindre et maintenir son insatisfaction. Le sacrifice n'est pas neutre ; par ce symptôme, un sujet donne à voir inconsciemment à l'autre ce qu'il voudrait que l'autre fasse pour soi, en ceci qu'il attend l'échange, la contrepartie. S'il fait tout pour l'autre, comme si c'était une chose, c'est pour que l'autre le considère ainsi. *Aussi le symptôme qui préside au sacrifice, c'est qu'il ne fait que pallier la crainte de réaliser ses désirs, de peur d'y échouer.*

Une femme se plaint de s'être sacrifiée pour son mari, et de n'avoir rien reçu en retour. Le problème qui se pose est : pourquoi s'était-elle sacrifiée pour lui, peut-être ne le lui avait-il pas demandé ? Et s'il le lui avait demandé, elle aurait pu ne pas y répondre. Mais ce qu'il faut saisir, c'est que le sacrifice peut prendre une dimension particulièrement symptomatique, s'il fait réellement écho à un mode de relation parents/enfant.

Dans le cas de cette femme dont je parle, le sacrifice existait dans les modalités de relations qu'elle entretenait avec sa mère lorsqu'elle était enfant. Sa mère n'avait de cesse d'être constamment insatisfaite, de relever de prime abord ce qui n'allait pas, de ne lui montrer qu'exceptionnellement de l'amour, tant en pensée qu'en geste.

La traduction inconsciente qu'elle faisait de ce morceau de relation se condensait dans le mot *sacrifice*. Un sacrifice qu'elle reproduisait inconsciemment, en s'en faisant l'objet, en s'autorisant par moments à sacrifier sa propre fille sous prétexte qu'elle s'était trop sacrifiée pour elle.

Or c'est quand elle mesure qu'elle ne se soumettait à ce sacrifice qu'en attente de la sacrifier, que la part de haine inconsciente maternelle à son égard légitimait sa haine envers elle, c'est-à-dire son désir de se séparer totalement d'elle et d'usurper sa place, c'est lorsqu'elle met en évidence que cette haine était commune, qu'elle était active dans ce point de haine qu'elle subissait, qu'alors une autre perspective commence à se dessiner.

Ce symptôme se dénoue lorsqu'elle entend que ce mot cristallisait plusieurs désirs au-delà de cette haine, en condensant celui de sa mère et le sien. Nommément et d'abord ce *ça-cri-fils* dévoilait son désir de fils, qu'elle avait reconnu en sa mère comme idéal de sa complétude. Le désir de procréer, un désir de compléter un manque, un désir de vie qui s'esquissait au-delà de ce désir de meurtre, *un désir féminin*.

Et, au-delà, un désir d'*écrire* les *fils*, un rapport entre le cri et l'écrit, la procréation et la création. Ainsi elle met en évidence que derrière leur désir commun de sacrifice, leur désir de fils qui correspondait aussi bien au désir d'être un fils, pouvait se relativiser dans l'acceptation du manque, du féminin dont *relève le désir de créer.*

Car cette énorme demande d'amour qui se cache derrière la part de haine que le sujet subit relève toujours d'un rejet de l'ignorance, d'un rejet du féminin, d'un rejet d'un manque commun qui concerne la pensée dans sa dimension créatrice.

L'amour et la haine dans le symptôme

Mais ce qui est curieux, c'est que tout symptôme procède du sacrifice. Tout symptôme, c'est-à-dire tout échec en amour ou même dans le travail, procède du *sacrifice de ses désirs pour un autre, qui représente quelqu'un de sa famille*. Deux modes de ratage existent. Ou l'on rate *comme* un autre (son père ou sa mère), quelqu'un de sa famille, ou l'on rate *pour* un autre *ce que l'on désire le plus*.

Nous prendrons deux exemples de symptôme.

Une femme a vraiment envie de se séparer de son mari, qu'au demeurant elle aime profondément. Alors que son désir de fonder une famille lui était extrêmement cher, et qu'elle était très fière d'y avoir réussi, la question qui se pose est pourquoi maintenant, pourquoi seulement maintenant ce désir prend-il une telle insistance ? J'ajoute que ce désir de famille avait pris une consistance particulière pour elle, dans la mesure où les repères familiaux lui avaient manqué de façon très marquée. Or ce désir de séparation lui vient alors que sa fille a 4 ans. Et c'est lorsqu'elle avait 4 ans que brutalement son père était parti.

C'est dire que si elle est conduite à vouloir partir *comme* lui, sacrifier ce qui lui était le plus cher, nommément son désir de famille, c'est parce qu'elle incarnait ce désir comme toute-puissance dans son père. Et pour oblitérer sa part de haine inconsciente, notamment le désir de se substituer à lui auprès de sa mère, à cette toute-puissance que pour sa mère il représentait.

Sacrifier sa famille, sacrifier son désir qui lui tenait le plus à cœur en faisant *comme son père*, visait à refouler sa haine inconsciente adressée à l'omnipotence qu'elle prêtait à son père, à savoir de représenter, au-delà de cet idéal familial, cette *femme-il*, le supposé fin mot entre un homme et une femme, le savoir dernier sur son être et son origine, sur le rapport sexuel qui l'aurait engendrée.

Alors qu'en fait de savoir dernier qui la jouait, il n'y avait qu'un jeu de mots qui traduisait le double sens de son désir, et l'impossibilité du mot à lui délivrer ce sens dernier, qui néanmoins, par son pouvoir de recel qu'engendre le refoulement, érigeait son père (d'autant qu'il est porteur du nom) à une dimension d'un tout sachant, ce qu'alimentait sa haine inconsciente, en y faisant écran.

Le second exemple dont je me servirai n'a pas à voir directement avec la question du couple, mais néanmoins il éclaire ce que veut dire : rater *pour*.

Un jeune homme, dont le père est médecin, admire son père et le craint ; il s'est décidé à faire médecine comme son père. Or, après avoir réussi avec succès sa première année (il sait qu'il sera médecin un jour), il se sent extrêmement dépressif. Il se dit déprimé parce qu'il s'aperçoit que médecine n'est pas ce qu'il imaginait, que cela n'a rien de génial ni d'impossible. À l'entendre, la médecine n'a rien de créateur, c'est une pratique où il faut plus apprendre par cœur que réfléchir.

Or ce qui était en jeu au-delà de son père, c'était le deuil des idéaux de toute-puissance, que comme médecin il représentait. Ce qu'il refoulait dans sa dépression, dans son envie brutale de tout laisser tomber *pour* son père, c'était son secret désir de meurtre, son secret désir d'usurper sa toute-puissance en devenant comme lui. Son désir de mort, ses idées de suicide, et l'énorme demande d'amour qu'il avait à l'endroit de son père pendant cette période, tenaient à ce qu'il mesurait que devenir médecin comme lui ne le ferait pas *être* en *totalité*, ne lui donnerait pas le pouvoir absolu qu'il en attendait, afin de faire écran à l'aspect illusoire des idéaux de toute-puissance que son père représentait.

Ce qui est intéressant à noter, c'est que ce pouvoir se cristallisait dans l'inconscient par le pouvoir de distribuer des cachets, qui se condensait dans l'équivoque *lettre (de) cachet/caché*. À un premier niveau, cette symbolique du médicament visait à figurer le pouvoir royal d'emprisonnement, la toute-puissance supposée du médecin sur son malade. Mais au-delà, ce caché, qui emprisonnait le sujet par lettre, métaphorisait la fonction de refoulement et ses effets sur la conscience. En effet sur son versant de savoir, cette équivoque relativisait dans une dimension universelle l'imaginaire de cette toute-puissance médico-paternelle, dans la mesure où le propre du caché est de pouvoir se retrouver, où cet emprisonnement du sens et non du sujet s'avérait coordonné à une lecture où la pensée était en cause au-delà de l'écrit, pour libérer ce sens en souffrance.

Nous pouvons remarquer qu'ici la dépression n'était pas consécutive à un échec mais d'un succès. Aussi l'intérêt de ce cas est de montrer que le succès lui-même peut être vécu comme un échec. Ce qui n'est compréhensible qu'à saisir que le ratage en question n'était que le ratage du fantasme inconscient à incarner le sujet en puissance comme il le croyait au départ.

Or tout sentiment de ratage comme tout échec sont à lire comme des tentatives avortées de maintenir le fantasme inconscient que l'autre représente pour soi, de le faire vivre à ses dépens.

La haine en amour

Si jusqu'alors nous avons tenté d'éclairer les rapports de l'amour et de la haine, il nous faut nous pencher sur autre chose. Qu'est-ce qui fait que dans un couple, l'amour peut mettre en jeu ponctuellement, fantasmatiquement ou la mort ou le meurtre ? Comment se fait-il que cet enjeu soit proportionnel à l'intensité de l'amour, qui lie un sujet à un autre ?

Pour saisir cela, il faut nous apercevoir que la haine relève, à l'instar de l'amour, d'un crédit excessif accordé à l'autre à pouvoir le compléter, à pouvoir le faire être en totalité. Néanmoins, à l'évidence, là où l'amour procède du désir de *rapprochement*, la haine traduit, différemment de l'amour, un désir de *séparation*.

En effet, alors que le désir d'aimer provient dans son essence de ce que l'autre a repéré les failles du sujet tout en l'acceptant, tout en l'aimant aussi avec cela, tout en aimant la part la plus intime de lui-même, ce qui lui échappe, et ce qui est pour lui source de jouissance interdite, nommément son symptôme, alors que le désir d'aimer provient de la croyance qu'il était enfin possible de cesser de faire semblant, et parce que l'on aurait trouvé un abri au creux de l'autre où pouvoir déposer les armes, où pouvoir déposer dans le nid de l'autre ce quelque chose d'étranger en soi qui nous emprisonnait, par quoi, par le médium de l'autre, il aurait été possible de s'en libérer, à revers, ce qui produit la haine, c'est *la confrontation à l'impossibilité de faire une confiance aveugle à l'autre*. Le retournement de l'amour en haine se déclare lorsque l'on a le sentiment que l'autre jouit de ses manques (à soi), nommément que l'autre jouit de ce que le sujet *ne sait pas*.

C'est dire que si la haine est la folie commune de l'amour, en tant qu'elle est liée à l'idéal absolutiste d'un Autre et d'un soi divins, c'est qu'elle répond à un manque du sujet dévoilé par l'autre, en apparaissant, du fait de son enracinement dans l'inconscient, comme réfractaire *a priori* à la raison.

En effet la haine peut être induite par une agression de l'autre (si elle est répétée), d'autant que le sujet n'y a pas répondu, mais elle peut également se produire lorsqu'un *manque intime* du sujet est *souligné* inconsciemment par l'autre. *Un manque*, c'est-à-dire *un désir si fort, si total, qu'il est protégé comme impossible*.

Je relaterai le cas d'une femme qui arrive en séance très déprimée par un accès de violence qu'elle a eu avec son compagnon. Son petit ami lui avait proposé de rencontrer quelqu'un qui aurait pu lui être utile pour son travail. Or cette proposition la rend folle selon ses termes, elle la prend pour une agression expresse. Et quand bien même son petit ami aurait joué sa partie dans cette affaire en organisant cette rencontre sans lui demander son avis, sans lui demander si elle était d'accord ou non, ce en quoi il lui aurait ôté effectivement la possibilité de choisir, de s'engager à réaliser son désir, néanmoins la violence de sa réaction la surprend, et parce qu'elle était réellement disproportionnée par rapport à la maladresse effective de l'intention.

C'est dire que ce symptôme, le dénouement de cette haine et de sa dépression consécutive, demande plusieurs niveaux de lecture. Il répond de prime abord au fait que son ami lui révèle sa difficulté à rencontrer des gens non seulement pour son travail, mais en général. Elle repère que c'est d'ailleurs cette difficulté qui la conduisait en analyse. Or cette inhibition ne fait que répondre à un désir total, à l'idéal que représente pour elle *la rencontre*. Et si cette proposition révèle de l'irrationnel, du fou en elle, nommément du symptôme, c'est qu'elle la met en position de *demandeuse* face à cette rencontre, c'est qu'elle souligne à son insu son *désir de rencontre*.

Second point, elle ressent que son désir de rencontre est si idéal qu'elle peut être conduite *a priori* à deux solutions qui sont toutes deux aporétiques : si elle n'est pas reconnue immédiatement par l'autre, soit elle en vient à l'agression, en ne permettant pas à l'autre en quelque sorte de ne pas la rencontrer, par quoi elle fait l'aveu de son manque, soit imaginairement elle la « boucle », elle se fait « mettre » par l'autre, en attendant de « le mettre » à son tour, parce qu'il ne perd rien pour attendre.

À côté de cela, il est curieux que le fait que son ami ait révélé ce manque, génère chez elle, dans un second temps, un sentiment d'abandon et une énorme demande d'amour. Il est intéressant de noter que ce sentiment de se heurter à un mur intérieur produise chez elle le désir d'être aimée, le désir que l'amour la guérisse et panse ses plaies.

Or ce mouvement irrationnel ne s'éteint que lorsqu'elle entend que le mur, ce n'était pas l'autre, ce n'était pas elle-même, que c'était un *mot*, gros de sens qui fait office de barrage à la raison dans son pouvoir de redétermination tant qu'il n'est pas entendu. Car les différentes voies, les différents sens où elle était ballottée par la révélation de son symptôme, ne faisaient que faire écho à un manque réel qui se cristallisait dans les différents sens équivoques du signifiant lui-même.

En effet si l'idéal de réciprocité de l'amour et la dimension sans raison, divine de l'amour, qu'évoquait pour elle la rencontre, ne faisait que se maintenir et se différer indéfiniment ou par le refoulement de sa haine, ou par sa mise en acte, je veux dire *en se rendant contre (l'autre)*, en rendant les armes contre l'autre, en se soumettant à l'autre, ou *en rendant l'autre contre elle*, la troisième voie, condensée dans le mot *rencontre* qui dégonflait cette attente impossible absolutiste de l'amour, consistait *à se rendre compte, à rendre compte*, ce qui relativisait par le médium de la pensée, de la conscience, ce rapport à l'autre.

Ceci pour dire que la haine est un dérivé d'un amour déçu. La haine est seconde à la réalité de l'amour, et donc de l'autre, qui n'était pas si absolu qu'on le rêvait.

Or saisir les fondements de la haine demande que l'on s'aperçoive que la haine n'est qu'une tentative avortée de séparation, en ceci qu'elle ne remet pas en cause le leurre qui faisait croire dans les prémisses de la relation à une complétude intemporelle, à une possibilité de fusion. Elle ne remet pas en cause pourquoi le sujet faisait crédit d'un tel pouvoir à l'autre. Or la question est là, d'où vient le pouvoir qu'il lui infère, quel mode de relation reproduit-il de son passé ? Dans le cas précis de cette femme, si la rencontre prenait inconsciemment une telle insistance, une rencontre qu'avec chaque homme elle attendait, c'est qu'historiquement la rencontre, dans le bon sens, lui avait toujours manqué, ses parents étaient en instance de divorce permanente, sans parvenir jamais à se séparer, et que la *rend-contre*, dans sa dimension symptomatique, constituait le prototype du rapport que sa mère entretenait avec elle.

Aussi ce qu'il y a à dénouer, c'est que l'altérité projetée en l'autre est en soi, c'est à soi d'exploiter ses possibilités, personne ne peut le faire à sa place. *Or c'est ce que le désir d'amour total tentait de pallier, la difficulté d'être sa propre référence, de cultiver ses possibilités inhérentes à la pensée avec l'autre, mais également indépendamment de l'autre*.

Et d'ailleurs c'est dans cette veine symptomatique que s'inscrit l'axiome psychiatrique : l'hystérique met en échec le médecin. Ce n'est pas du tout ça. Ce que l'hystérique met en échec, c'est sa propension médicale à faire à la place de l'autre, car il est bien placé pour savoir que ça ne marche pas.

L'impasse de son désir d'objectaliser l'autre, et d'être objectalisé par l'autre, se traduisant pour lui en souffrance, à savoir par l'écrasement de sa pensée dans son corps. Ce que l'on dénomme une conversion. Alors que la reconnaissance de sa *souffrance* psychique, l'engagement à parler de cette souffrance, qui diffuse parfois jusque dans son corps, parvient à le renouer, dans la relativité qu'engendre la parole, aux autres et à son corps qui ne se rencontrait symptomatiquement que dans le discord.

Et c'est de cela qu'avec une analyse quelque chose d'autre pourra se mettre en place, que cette soi-disant mise en échec du médecin, le sujet étant non l'objet d'un savoir que l'autre détiendrait, mais l'acteur principal d'une conquête sur son histoire et sur sa vie.

Dans cette perspective, l'amour peut s'éclairer comme relever d'un choix, soit celui d'être effet de l'amour, et alors malgré la jouissance que cet effet produit, le fait même de le subir peut l'entraîner vers le pire, soit d'apprendre à être responsable de l'amour, et alors savoir ce qui le déterminait dans l'inconscient lui permettra d'accéder au réel de l'autre et de construire main dans la main cet amour avec lui.

Et en ceci que l'amour n'a jamais guéri personne, contrairement à ce que l'on aurait pu croire. Car si la haine se met en veilleuse au début d'une relation, l'expérience prouve que ça ne dure pas, parce que le refoulement par définition n'enraye pas la possibilité de son retour. Ce qui veut dire que le problème de la haine reste entier, *l'amour ne pouvant guérir le sujet sans une analyse*. Et je rappelle à cet égard que le propre de la découverte freudienne est d'avoir révélé que le grand amour que l'enfant éprouvait pour ses parents non seulement ne guérissait pas, mais encore s'avérait le champ spécifique où s'intriquaient souffrance et folie.

Parce que incidemment l'amour de l'enfant à l'endroit des êtres les plus chers que sont ses parents se transforme en haine dans l'inconscient, ce à quoi s'ajuste le fantasme d'inceste et de meurtre dont personne n'est exempt. Et parce que leur amour ne colle pas avec ce que l'enfant attendait au départ, c'est cette attente déçue, ou la sensation d'être confronté à un mur impossible, qui fait que l'amour peut finir mal. Et ceci est d'autant plus important à relever que l'amour actuel de l'adulte se mesure toujours à ses contradictions passées.

L'amour pouvant prendre une dimension plus vraie et moins douloureuse à partir du moment où il se voit déshabillé de son manteau idéal dont la religion catholique, comme les prémisses du fantasme inconscient, l'auréolait à tort.

Aussi je voudrais souligner que l'amour n'interprète pas tout seul, l'amour ne peut guérir s'il n'est pas doublé par la parole, par la nécessité de faire le tri entre soi et l'autre. Car à la longue le non-dit qui organisait la fulgurance de la rencontre amoureuse sépare, ce à quoi seule la parole est susceptible de suppléer.

Haine originaire ? Amour originaire ?

Dans son article « Pulsion et destin des pulsions » (1), Freud avance que la haine est plus ancienne que l'amour. Citons-le : « Le premier but que nous reconnaissons, c'est incorporer ou dévorer, un type d'amour qui est compatible avec la suppression de l'existence de l'objet dans son individualité et qui peut donc être qualifié d'ambivalent. Au stade supérieur qu'est organisation prégénitale sadique-anale, la tendance vers l'objet apparaît sous la forme d'une poussée à l'emprise, pour laquelle endommager ou détruire l'objet n'entre pas en ligne de compte. Cette forme, ce stade préliminaire de l'amour, peut à peine se distinguer de la haine dans son comportement vis-à-vis de l'objet. Ce n'est qu'avec l'établissement de l'organisation génitale que l'amour est devenu l'opposé de la haine. La haine en tant que relation d'objet est plus ancienne que l'amour, elle provient du refus originaire que le moi narcissique oppose au monde extérieur prodiguant ses excitations. »

Dans cette assertion d'une haine qui serait plus ancienne que l'amour coexistent plusieurs contradictions.

Il semble, à le lire, que Freud fasse remonter cette haine au stade oral (dont le but serait ambivalent). Or dans le cas de cette relation d'objet (et non dans l'après-coup), on ne voit pas comment cette notion de haine pourrait avoir un sens puisque comme il le dit si bien, avant l'organisation génitale, l'amour ne s'oppose pas à la haine, en d'autres termes ces sentiments ne sont pas réellement distinguables. De surcroît, brutalement, sans étayer son assertion, il affirme que la haine serait plus ancienne que l'amour ; cependant si la haine relève de la relation d'objet orale où elle coexiste avec l'amour dans une ambivalence, comme il le stipule, on ne voit pas comment elle pourrait être plus ancienne que l'amour.

Mais outre ce flou conceptuel, bizarrement Freud transforme cet être fragile qu'est le nourrisson, extrêmement tributaire de l'adulte, avide de tendresse, de chaleur et de lait au point qu'il veuille effectivement s'incorporer l'objet qui le nourrit, en un être très maîtrisé dont le refus du monde serait premier.

Cependant, au-delà de ces contradictions, parler de haine chez les nourrissons comme sentiment plus ancien que l'amour est une conception qui me paraît très douteuse et ce pour trois raisons. D'une part, si l'amour dans sa forme la plus épurée est au départ l'élan qui pousse vers l'autre, l'observation simple d'un nourrisson témoigne que son ouverture au monde, son besoin de l'autre sont nettement plus intenses que « son refus du monde extérieur prodiguant ses excitations ».

D'autre part, cette notion suppose qu'à l'origine l'enfant se soit consciemment différencié de l'autre, ce que contredit *de facto* l'expérience analytique. C'est à cette faible différenciation d'ailleurs que s'ordonne la quasi-non-distinction des sentiments dont Freud parlait plus haut. Enfin, la haine efface la mort dans l'autre, occulte la faillibilité humaine, par quoi cet effacement présuppose une conscience de la mort qui n'existe pas à l'origine.

C'est dire qu'au lieu de parler de haine originaire, qui est une notion très kleinienne, je parlerai de détresse originelle que la haine elle-même met au jour.

Je mets en évidence cette pierre d'angle que Freud déposait dans son œuvre, dans la mesure où, à sa suite, la plupart des psychanalystes ont fermé cette question. Ils ont maintenu par des voies différentes la haine à l'origine, cette haine que Freud tentait d'historiciser par son mythe du meurtre du père, dans *Totem et tabou* (2), puis dans *Moïse et le monothéisme* (3).

Or le problème de cette histoire mythique, c'est d'une part que personne ne peut savoir, pas même Freud, si les hommes ont tué le père originaire, d'autre part que, même s'ils l'avaient fait, cela n'aurait aucune valeur, dans la mesure où dès que l'on crédite un autre d'un pouvoir absolutiste, ce crédit se transmue en désir de meurtre. Enfin ce qui est contradictoire, c'est que le propre de la haine est de se déplacer, ce qui fait que les fils sont bien plus l'objet d'un désir de meurtre que les « Pères ».

Mais le problème majeur de ce mythe, c'est qu'il a le tort d'asseoir ce fantasme dans la réalité, de légitimer la haine en la fondant dans une fatalité.

Aussi ce qu'il faut saisir, de façon excentrée, c'est que quand bien même avoir constaté ce désir de meurtre commun à tout homme serait une *formidable avancée*, mettre la haine à l'origine sauve la toute-puissance du père, sauve la toute-puissance qu'à tort on lui prête, en effaçant le manque que constitue la question de l'origine, en tant qu'elle recouvre la question de l'être.

À mon sens, si stigmatiser le complexe d'Œdipe est une énorme découverte, la prolonger, l'exploiter, implique non pas de légitimer les fantasmes de meurtre et d'inceste (ce qui subsume une normalisation de la folie commune), mais d'aller plus loin en tentant d'aller à leur raison, en tentant de *pénétrer les fondements de ce qui légitime cet irrationnel de la haine à trouver sa voie en vengeance et en rétorsion*[1].

De la haine de dieu à l'amour humain

Ainsi, pour bien comprendre qu'il est possible de réorienter sa destinée en amour, du fatum christique où l'inconscient contraint tout sujet, il nous faut insister sur le fait que la commune mesure du déterminisme de l'échec amoureux n'est rien d'autre que la haine, la haine que l'amour porte comme une croix dans son dos. Une haine qui fonde la visée de jouissance inconsciente à consister. Une haine dont, malgré le voile, le refoulement que les gens de bien y apposent, personne n'est exempt.

Puisque les désirs inconscients partent des identifications idéales que recouvrent les symboles être père, être mère, être homme, être femme, être fils, être fille, être un couple, fonder une famille, faire corps, etc., ces désirs débouchent tous sans exception, dans la visée de jouissance, sur le désir de meurtre, sur le désir d'inceste et sur la mort, pour couvrir l'impossibilité qui fonde la gravitation de ces désirs d'être à consister.

Or ce que la psychanalyse recueille à propos de cette haine, c'est qu'elle part d'un amour absolu, rêvé puis déçu. Puisque le désir de meurtre et de mort, qui clôt le fantasme de façon *avortée*, procède d'une tentative aporétique de s'incorporer l'autre, de faire cesser ce qui échappe à l'union originelle rêvée que promettait la filiation, l'identité que promettait l'identification au nom.

Car ce n'est pas la haine, contrairement à ce que dit Melanie Klein, qui est à l'origine, ni le meurtre du père comme Freud l'avançait, mais bel et bien l'amour.

Je veux dire que si le sujet est engagé dans ses désirs horribles qui le poussent à vouloir se substituer à l'autre pour usurper, en l'abolissant, la toute-puissance qu'à tort il lui prête, c'est que ces désirs partent, à l'instar de la paranoïa, de prémisses fausses.

De la croyance à la toute-puissance de certains autres symbolisant *a priori* du père.

Un pouvoir que Lacan légitimait à tort dans sa question préliminaire (4), bien que cette croyance au nom du père, et au mot en général, soit relancée secondairement par la modalité de traitement du réel dont fait usage l'inconscient pour se frayer sa voie.

C'est en effet par le jeu du son et du sens, en outrepassant la grammaire, que ces désirs se fixent par lettre partiellement en se refoulant.

Or c'est en tant que ce déterminé acquis peut faire choir le sujet au pied de sa lettre, qu'il tend, ce sujet, à incarner incidemment son pouvoir en un quelqu'un[2].

Mais s'il est possible de renouveler l'amour, d'étancher en soi sa propension à vouloir jouir de l'autre, ou à vouloir être joui par l'autre, cela passe par la nécessité de ramener les dieux que sont les parents au rang de frères humains. C'est-à-dire en les réhabilitant de leur faille où se reflétait la sienne propre, à laquelle la haine inconsciente faisait office d'écran.

Un passage, un franchissement qui s'opère en décollant le sujet de ses entraves identificatoires, en trouant le déterminé symbolique de son pouvoir de suggestion puisqu'en dernière analyse, et ceci est fondamental, *c'est du recel anagrammatique du sens des mots que provient la projection imaginaire d'un autre tout sachant.*

C'est dire que la voie de la jouissance et de la haine, qu'a découverte Freud sous le chef du complexe d'Œdipe, pourra s'étancher de sa capture satanique, pour libérer en amont celle de la pensée et de la parole, dès lors que le sujet accédera à l'impossibilité de son être, à l'impossibilité de faire un tout absolument déterminé, tout sachant, tout-puissant, immortel, d'être aimé sans nécessité d'aimer.

Dès lors qu'il saura que malgré ce que laisse à désirer le *nom du père* que la religion catholique donne à invoquer, qui couvre comme symbole écrit la référence au corps, *aucune lettre*, fût-elle refoulée, *n'est susceptible de lier en un sens plein le lien de la chair et du verbe. Car l'être comme l'amour ne sont pas inscriptibles* en terme de preuve positive, car l'être comme l'amour ne sont pas susceptibles de faire loi.

Et si l'être humain voudrait être aimé et aimer l'autre sans raison, pour lui, pour l'autre, il se trouve que la raison a sa part, non seulement dans la détermination inconsciente de cet amour, mais que de plus l'intervention de la raison et de la parole est nécessaire pour que l'amour soit la source d'une *édification*.

Aussi ce n'est qu'en parvenant à cette limite qui de l'impossibilité d'être deux comme un être unique, de faire rapport sexuel, ce en quoi consiste le pas illustre de Lacan, débouche sur l'impossibilité *d'être un*, de *s'auto-identifier* par un mot, une limite qui sépare la conscience langagière de son sol organique, que le sujet cessera de tester sa propre limite dans l'autre, cessera de tenter de faire sortir émotionnellement, par le biais des mots, l'autre des gonds de sa raison, cessera d'essayer de voler la lettre de son être qu'il croira avoir reconnu dans l'autre, *puisqu'il aura internalisé un manque, du féminin, du non-savoir, complétable en raison à l'infini, sa mortalité*, qui se masquait derrière des enjeux de meurtre, de vie ou de mort, ce qui lui donnera envie d'être *vivant* et de *créer*. Car il aura par la psychanalyse intériorisé un manque que, par la loi, le droit externalisait. Une limite que Freud qualifiait de roc biologique, en élargissant à la fin de son œuvre sa conception de la castration (5).

Cette ouverture est sans doute aride. Néanmoins elle mérite peut-être qu'on se dérange, car ce n'est qu'en accédant singulièrement, par son histoire, par ses fantasmes, et par ses *mots*, aux coordonnées *particulières* d'une *limite universelle*, que cette limite peut se transmuer individuellement en révolution. Tant dans la voie de la connaissance, qui ne se verra plus barrée par un autre surmoïque, que dans la faculté d'aimer.

Alors que voudrait dire guérir de l'amour ?

Est-ce que cela voudrait dire supprimer l'amour, en le remplaçant par du savoir, ce que voudrait la maîtrise ?

Non, obtenir un savoir sur ce qui conditionnait l'amour dans sa dimension d'avatar ne fait que relativiser l'amour, réintroduire l'échange, la pensée, la parole, relativiser la peur qu'engendre l'autre, qui ne fait que refléter la peur de penser dès que la réflexion s'égare dans les voies interdites que sont le sexe, la mort, le corps, le manque d'amour et la solitude.

Aussi, si soulager l'amour de sa charge de haine change quelque peu le rapport à l'autre, c'est qu'au lieu de partir de ses idéaux à soi que l'on projetait en l'autre, le nouvel amour que la psychanalyse pourrait engendrer, c'est la possibilité de partir non des dieux que l'on aurait voulu être, et que l'on voudrait que l'autre soit, mais de sa mortalité, du féminin en soi, de ce que l'on ne sait pas, dont l'acceptation seule conditionne la possibilité que ce lien se construise, en l'inscrivant dans une dimension de devenir.

CHAPITRE IV

L'enfant

Il n'y a pas si longtemps, alors que les rôles de l'homme et de la femme étaient hiérarchiquement déterminés, que la contraception n'existait pas, non plus les techniques de procréation assistée, un enfant ne se choisissait pas, il venait ou il ne venait pas. Et si les parents le désiraient, c'était tant mieux, s'ils ne le désiraient pas, cela revenait au même, les femmes surtout devaient subir cet état de fait. Car c'était à elles exclusivement qu'incombait la tâche d'élever les enfants.

Maintenant que la société occidentale tout au moins a subi une énorme mutation dont nous sommes les témoins, mais aussi les acteurs, maintenant que le désir de l'homme et de la femme a tout autant droit de cité, et que la parentalité est de l'ordre du choix, on peut se demander pourquoi les hommes et les femmes désirent des enfants.

Au fond, ils désirent des enfants pour avoir de l'amour. Pour avoir de l'amour parce que quelque part ils ne se satisfont pas entièrement, parce qu'ils ont besoin d'autre chose.

Or si avoir un enfant peut être une source de joie immense, de plaisir, de surprise, de création et d'amour inédit, dans les faits, ça ne l'est pas toujours, bien qu'on ait l'idée que ça devrait l'être.

Le plus curieux, c'est que cet amour, plus engageant, plus responsabilisant, plus humble d'une certaine manière que nul autre, n'a rien de naturel. Il n'est pas facile. On apprend à être parent, et aussi avec l'enfant : *on ne naît pas parents*. Il n'y a ni instinct paternel, ni instinct maternel, à partir du moment où on a un inconscient.

Et si ce champ est par essence le terrain de la passion, il est le plus souvent miné, tordu, étouffé, entravé, par le retour du refoulé, par rapport à certaines situations, certains contextes et plus particulièrement avec tel ou tel enfant.

De plus, la simple présence de l'enfant implique un remaniement des modalités qui organisaient le couple avant lui. Son arrivée remaniera les places préétablies puisque tout à coup un homme deviendra père, une femme deviendra mère, la femme se retrouvera face à un père, et l'homme face à une mère. De deux on passera à trois, de la notion de couple on passera à celle de famille, de la notion intemporelle de l'union surgira celle de génération et de succession.

Autant de bouleversements qui demandent des mûrissements internes, pour que le plaisir et l'amour puissent prendre spontanément le devant de ce lien unique.

Le désir d'enfant

Selon chaque individu, ce désir peut prendre des connotations variées, et des doses de charges affectives variables.

Pour certains, il s'inscrit dans le désir de fonder une famille, pour d'autres, dans la transmission du nom et du patrimoine, pour d'autres encore, dans la recherche d'une raison de vivre et de réparer alors leur propre enfance, enfin il peut s'inscrire dans le fantasme de cimenter le couple.

À côté de cela, certains individus n'éprouvent pas de désir d'enfant, non seulement ils ne l'éprouvent pas, mais ils vivent cette possibilité comme quelque chose de mortel.

À revers, d'autres vivent ce désir comme si vital qu'à leur insu ils le maintiennent comme impossible. Ce qui témoigne de la force du vécu dans les rapports qu'un sujet entretient à une possibilité de plaisir.

Dans ces deux types de cas extrêmes, l'enjeu énorme que constitue l'enfant peut se retravailler.

Ordinairement le refus de cette possibilité, comme l'enjeu vital qui peut s'y greffer, concerne une parole contradictoire ou identificatoire adressée à l'un de ses parents.

Une femme, dont la mère ne cessait d'enrober de merveilleux sa maternité, s'aperçoit au décours de son analyse que son propre refus d'être mère tenait au désir de *la* croire, alors que sa dépression chronique, et le sacrifice intellectuel dont sa mère se plaignait de temps en temps à sa fille, allait précisément à contresens de ses paroles.

Autrement dit, elle s'interdisait ce plaisir, pour sa mère, pour croire être l'unique objet d'amour de sa mère, pour ne pas savoir que dans ces paroles d'amour il y avait du mensonge, pas un mensonge total, mais un mensonge tout de même, destiné à se faire aimer.

Il est important de savoir sur quel manque historique vécu prend corps un désir d'enfant.

Car un enfant ne réparera pas une enfance douloureuse, un enfant n'épongera pas par sa simple présence le problème des parents, en ceci que cet amour ne pourra en aucune façon être leur raison de vivre, cette raison, c'est en soi qu'il faut la trouver pour pouvoir montrer le chemin de cette voie à d'autres.

De même qu'un enfant ne peut être le ciment du couple. Quand bien même il y aurait quelque chose d'extraordinaire, de profondément énigmatique et merveilleux dans la venue d'un enfant, dans la conjonction concrète d'une union dont il est le fruit, quand bien même l'amour qu'il donnera à ses parents serait d'une intensité extrême, cette énigme comme cet amour ne seront pas simplement sources d'émerveillement, ils seront également révélateurs de symptômes qui dépassent sa simple existence.

Un enfant non seulement ne fait pas que réunir les parents, mais il les sépare bel et bien.

Tout d'abord en ceci qu'il interroge chacun d'eux et différemment dans leur rapport à leurs propres parents. En faisant émerger des réponses inconscientes qui dépassent les parents, en séparant les parents d'avec eux-mêmes, il sépare les parents entre eux.

Il faudra aménager un « rôle » de femme et un « rôle » de mère d'un côté, et un « rôle » d'homme et un « rôle » de père de l'autre, ce qui n'est pas évident.

Le surgissement de ce tiers dans la relation de couple deviendra la source de rivalité entre eux, pour l'enfant, et de rivalité par rapport à l'enfant pour le conjoint.

En dernier lieu, c'est une source de conflit dans le partage des tâches.

Mais à côté de cela, l'enfant prend sa place, il n'est en aucun cas une surface blanche aréactive aux projections, il y répond.

Et c'est justement dans cette dimension de vivant, dans sa force de réponse et de réaction, qu'il peut faire surgir au lieu de la peur la joie de la remise en question, sans croire que le rôle de parent exige la draperie d'un semblant de savoir, de réponse à tout.

À cet égard, lorsque les parents parlent de leur enfant, parfois on peut être surpris de l'étrangeté avec laquelle ils parlent de cet être, que pourtant ils ont fait.

Et c'est l'occasion de rappeler l'impact des actes des parents sur leur enfant, l'impact de la prise de l'enfant dans les rets du filet inconscient des parents. D'emblée l'enfant est pris dans une logique identificatoire, il lui est assigné une certaine place pour différentes raisons ; selon la constellation des facteurs qui ont présidé à sa naissance, selon le choix du prénom, selon qu'il ait été désiré ou non, plus par le père, ou plus par la mère, selon son sexe, selon la ressemblance physique, selon son rang dans la fratrie, il aura une certaine place dans le fantasme de chacun des parents.

Or ce qui est important à saisir, c'est que l'enfant ne fait problème que par sa différence, et c'est à cela que répond la logique d'appropriation identificatoire, du « il me ressemble », « il te ressemble », « c'est le portrait de ton père », etc.

Bien qu'elle soit nécessaire, structurante, en revanche c'est l'impossibilité de cette identification totale qui sera source de symptôme, c'est-à-dire la difficulté par moments à gérer la relation avec l'enfant dans le plaisir.

J'insiste donc sur le fait que l'amour filial n'est ni naturel, ni facile, il ne va pas automatiquement de soi, il ne sera pas exempt de haine, de symptôme. Et dans la mesure où tout symptôme se rapporte à la question de la filiation. Et parce que la filiation dénaturalise cet amour dans l'inconscient, par l'implication étrangère du lien de chair, du lien de sang. Contrairement à ce qui s'en diffuse d'idéal.

Pourquoi ? Parce que ce lien filial est impossible à se symboliser de façon arrêtée et figée, en conscience et jusqu'à l'inconscient. Il s'éclaire en dernière analyse un blanc pour le psychisme, en ceci qu'au-delà du rapport sexuel, c'est l'indéterminé de la création symbolique qu'elle reflète, comme insuturable par le signifiant.

Autrement dit, le problème pour les parents qui engendrera la complexification de leur amour par l'Œdipe, c'est que le rapport filial fait défaut à une identification totale, un manque qui imaginairement fait surmoi. Et parce que l'homme *croit* au départ qu'il y a une clef, un sésame, une alchimie secrète à ce qu'est être père, ou être mère, qu'il prête à ses parents. Par quoi, à l'occasion, il pourra transférer dans la haine ce savoir à son enfant, en s'en défaussant.

C'est à ce niveau que la question de la limite est toujours délicate pour les parents. Car la limite approprie. Et si elle est violente, haineuse, elle usurpe, elle connote de l'impossibilité du père ou de la mère à être responsable du manque pour le psychisme que constitue le lien filial. La violence suppose l'enfant au savoir, et non seulement elle nie la source inconsciente de l'erreur, mais encore tout simplement la part d'ignorance comme si elle pouvait être fatale. Et c'est là où ça ne va pas.

L'enfant roi

L'enfant roi, c'est la traduction d'un renouveau de notre siècle marqué par l'avènement non seulement du droit des femmes, mais également du droit des enfants. À cet égard, la psychanalyse a amplement contribué à montrer que l'enfant était une personne à part entière, qui avait ses désirs, ses problèmes, ses droits, d'ailleurs différents de ceux des adultes.

Il n'empêche que l'enfant roi dérive sur le versant du symptôme. Le statut qui lui est inféré implique que les parents s'effacent totalement devant l'enfant, qu'ils reportent exclusivement sur lui leur réalisation qu'ils mettent en suspens.

L'expérience montre qu'un enfant, il vaut mieux le désirer. Mais il faut repérer que cette place royale n'est pas innocente. Elle traduit un certain laissé tomber par rapport à l'enfant et d'autre part un renoncement fréquent au lien du couple, qui soudainement disparaît au profit du lien à l'enfant.

Cela fait symptôme du côté de l'enfant, car il devient l'enjeu du couple en s'élevant comme unique terrain d'entente ou de mésentente. Et ensuite il devient le maître de deux esclaves. Or il n'a pas besoin d'esclave asservi à ses désirs. Ce qu'il veut, c'est des parents vivants, et non des parents morts, des parents qui expriment leur désir et qui se spécifient par rapport à lui, et non qui se cacheraient derrière lui. Ce statut qui lui est conféré l'érige en position de parents, dont les parents en réalité se défaussent.

De surcroît, le sacrifice de leurs propres désirs témoigne d'une haine refoulée, par quoi cette absence totale de haine apparente lui fera d'autant plus culpabiliser sa propre part de haine qu'il la croira destructrice.

La responsabilité des parents nécessite là encore la dimension de limite. C'est même toute la difficulté du rôle de parents d'introduire une limite à modalité variable, car le plus souvent, hormis les dangers corporels, le mieux, c'est qu'elle soit explicative, qu'elle fasse sens, avant qu'il ne soit arrêté par la fermeté d'un non. Car la barrière opposée sur le désir relance la question de sa cause différemment.

Et si la limite dans sa forme non violente est fondamentale, c'est parce que par le non, le lien filial se plie sous un mot, dont le parent prend en charge la responsabilité rationnelle de son sens. Dès que la limite est violente, elle rejette automatiquement la responsabilité du lien filial, et rejette le savoir sous-tendant l'interdit sur l'enfant qui est supposé en détenir la clef.

À côté de cela, ne pas mettre de limite à l'enfant, c'est d'un côté écraser ses désirs, et de l'autre lui laisser à désirer, lui faire imaginer qu'une limite à l'amour, une perte d'amour pourrait être mortelle. Ce qui n'empêche pas que l'enfant roi, c'est quand même beaucoup mieux que l'enfant intrus.

Ce qui diffère fondamentalement entre l'investissement massif et l'absence d'investissement apparent, c'est la forme que revêt le lien filial. Ce qui change fondamentalement la donne. Dans le cas de l'enfant roi, le désir d'enfant est assumé en conscience, dans le cas où l'enfant est vécu comme intrus, le désir d'enfant est refoulé, par quoi, au lieu de l'engagement, on assiste à un dégagement.

Or ce n'est qu'avec l'engagement que s'engendre la question de la responsabilité. Il vaut mieux que l'amour prime en conscience et que la haine soit refoulée, plutôt que la haine envahisse le devant de la scène et que l'amour soit refoulé. *Et parce que faire le tri dans tout cela, se rendre compte que derrière la haine il y avait de l'amour, demande un long cheminement pour l'enfant, qui n'a rien d'évident.*

Pour conclure sur l'enfant roi, ce que nous montre la psychanalyse, c'est qu'un enfant a besoin d'être protégé, pour découvrir le monde dans le jeu et le plaisir, il n'a pas besoin d'être trop chargé. Un enfant est un enfant et non le parent des parents. Cela veut dire aussi qu'il n'a pas à être au courant des problèmes des parents qui parfois le mettent en position de juge, ou pire lui demandent de choisir.

L'enfant intrus

L'enfant est ressenti comme un intrus quand il n'a pas été assez désiré, quand le désir d'enfant constitutif de l'être humain ne s'est pas déclaré en conscience. Une idéalisation trop forte de l'enfant, du poids énorme des responsabilités qu'on suppose à la fonction de parents, faisant barrage à son accessibilité.

Pour que ce ne soit pas la guerre avec son enfant, il y a à reconnaître son propre désir pour lui. Or le point, c'est que *ce n'est pas parce que l'on n'a pas assumé son enfant, dans le désir, qu'il n'est pas possible de le reconnaître secondairement*. C'est tout le travail d'une analyse qui conditionne la qualité de l'amour.

L'enfant est vécu comme intrus quand les parents lui reprochent inconsciemment d'usurper leur place d'enfant dont, avant lui, ils pouvaient croire qu'ils en jouissaient pleinement.

Mais il y a toujours une part d'intrusion dans l'arrivée d'un enfant. Et c'est cette part qu'il y a à travailler.

Il y a une part d'intrusion, car il est en partie *étranger*, et que cette étrangeté est paradoxalement *familière*. Il reflète l'*intime* dans une extériorité *concrète*. Il reflète la trace symbolique d'un rapport sexuel, qui intérieurement échappe, et dont on pense *à tort* qu'il le détient. Il fait jaillir d'un passé enfoui le *sens* d'un lien filial dont on ignore les ressorts, ce qui peut incidemment conduire à la question du sacrifice.

D'entrée de jeu, dès sa naissance, le corps de l'enfant présentifie la « castration », autrement dit ce qui manque au savoir en conscience, pour se comporter avec l'enfant comme il le faudrait *a priori*. Devenir parent soumet les êtres humains à un paradoxe : au fait qu'être agent de la procréation, qu'avoir participé par leur désir et par leur rapport sexuel à la fécondation de l'enfant, ne leur donnera pas la clef de ce que c'est qu'être père ou être mère.

Le déroulement de cette procréation s'est fait en dehors de soi dans le corps maternel.

Car même pour la mère, c'est cette extériorisation du désir d'enfant à sa cause biologique qui fonde par excellence l'origine du symptôme. Puisque le propre du symptôme, c'est de jouer à effacer la différence entre et soi et l'autre, dans l'amour filial, dans un rapport rival plus/moins, à défaut de pouvoir effacer en soi l'impossibilité à surmonter de façon définitive l'absence de sens que représente le lien de chair, par le lien du nom.

Être parents

Ce qui m'apparaît dans ma pratique, c'est que les gens sont très souvent perdus dans leur fonction de parents.

Et ça se comprend, c'est très difficile d'être parents.

Être parent suppose d'être responsable en amour, de ne pas se permettre tout ou rien en son nom, ce qui implique d'y avoir réfléchi d'abord.

Je dirai qu'il faut croire les enfants ; s'ils reprochent quelque chose à leurs parents, c'est qu'ils ont lieu de le faire.

Et s'il faut les croire, c'est que l'enfant est dans l'urgence de la vie, il construit ses repères à partir de ses parents ; ses repères, cela veut dire ses rapports au monde, à l'amour, à la haine, à la vie, à la mort, au sexuel, à son corps, à lui-même. Il est dans l'urgence de la découverte qui le situe directement dans une dimension éthique de confiance. Ce qui, avec le refoulement constitué, tend à se perdre chez l'adulte parce qu'un couvercle de semblant se met à colmater les brèches.

Les croire ne veut pas dire croire tout ce qu'ils montrent, mais croire leur souffrance, et non croire ce qu'ils donnent à voir pour la signifier, sans pour autant *trop culpabiliser*.

Croire la souffrance de l'enfant et en prendre acte, sans se mettre à sa place, c'est-à-dire sans boucher le trou en s'identifiant à sa souffrance, pour qu'il puisse *en parler*, ce qui lui permettra en retour de la relativiser...

Il n'y a pas à avoir peur de la souffrance d'un enfant, en lui interdisant par exemple de pleurer. Car cela lui fait imaginer que vraiment, en ce qui le concerne, il y aurait lieu d'être triste. L'interdit, s'il est inadéquat, laisse à désirer le pire.

De même, certains parents ont peur de la colère de leur enfant. Or s'il est en colère, ce n'est pas qu'il est « fou » ou « méchant », c'est qu'il souffre. Ce que la psychanalyse peut transmettre aux parents, c'est leur apprendre à demander à l'enfant ce qui ne va pas, apprendre à l'écouter sans automatiquement se sentir coupables de sa souffrance. Apprendre à reconnaître la bonne volonté de l'enfant, et savoir la faire ressortir, sans jamais l'étouffer sous des étiquettes discréditantes.

Savoir, en résumé, que la violence se déclare sur fond de souffrance, et la haine sur fond de demande d'amour.

S'il n'y a pas à culpabiliser de sa souffrance, c'est que la souffrance n'est pas mortelle, à la simple condition que les parents offrent un espace à l'enfant pour en parler. Si l'enfant souffre à cause du parent d'une violence qui l'a dépassé, il faut savoir lui dire qu'on s'est trompé. On peut le dire à l'enfant sans avoir peur de ternir son image.

Non seulement on ne la ternira pas, mais encore on lui montre quelque chose d'essentiel pour lui-même, à savoir que c'est en prenant acte de son erreur, en réfléchissant à sa cause, qu'on peut la rectifier, et surmonter le poids de souffrance qu'incidemment elle entraînait.

Certains parents pensent que les enfants ont besoin d'autorité, qu'ils doivent obéir. Je rappelle qu'un enfant n'est pas là pour obéir, ce n'est pas parce qu'il est plus petit qu'il ne pense pas. Plus on lui explique les choses, plus on lui donne le choix, plus il apprendra à réfléchir avant d'agir, moins il aura ultérieurement besoin de s'abriter sous une autorité de peur de se tromper.

Les enfants ont besoin d'amour et de limite par rapport à cet amour, en ceci que là encore l'amour ne demande pas de sacrifice, ni d'amputation. L'autorité, l'énorme abus que l'autorité suppose, doit être remplacée par des moments de fermeté, ce qui ne veut pas dire que l'enfant n'a pas besoin de cadre, mais un cadre n'est pas un forçage, le forçage suppose que le cadre n'est pas assumé par les parents. C'est dans la non-assomption du cadre que surgit le rapport de force, c'est à ce niveau et dans le registre d'une correspondance inconsciente, qu'ultérieurement surgiront chez l'enfant des symptômes en réponse à des points de lâcheté parentale.

Car par définition un enfant ne lâche pas ses parents sur leur symptôme. Et même si leur symptôme à son égard est source de souffrance, c'est également par cette faille que réside sa prise sur eux. Il ne « provoque » et ne « manipule » que s'il y a lieu de le faire.

Néanmoins les préjugés éducatifs ne sont par expérience que des refuges à l'inconscient. Avec tout le paradoxe que cet enracinement provoquera en conscience.

Une femme, qui n'a eu que des rapports d'obéissance à sa mère, me dit abhorrer ce mot obéir, qu'elle a d'ailleurs banni de son vocabulaire. Avec sa fille, qu'elle investit énormément, elle me dit n'avoir jamais voulu de ce type de rapport. À ceci près qu'une ambiguïté demeure à son insu, elle n'a de cesse de se plaindre que sa fille n'écoute jamais, une ambiguïté qui réside dans sa confusion entre l'écoute et l'obéissance.

Elle s'en plaint, car après lui avoir demandé gentiment les choses, après avoir tout fait pour la combler, cette absence de « retour » la conduit au bout d'un moment à voir « rouge » et à exploser dans une colère et une violence qui la submergent et la culpabilisent après coup. Mais ce qu'elle découvre, c'est qu'elle répète avec sa fille ce dont elle avait horreur avec sa mère, en se mettant en place de fille, et en mettant sa fille en place de mère. En effet, son problème est qu'elle se réduit avec elle à lui obéir en tentant de la combler.

Mais ce qu'elle occulte dans ce tour inconscient, c'est qu'en se plaçant en position d'objet, en usurpant le manque d'où sa fille pourrait désirer, et entre autres désirer lui faire plaisir, elle lui vole son désir : ce à quoi répond l'agressivité de sa fille.

Un jour, elle entend que ce qu'elle agissait dans ces deux temps, en tamponnant d'abord le désir de l'autre, puis en éclatant de colère, c'était le signifiant *obéir* lui-même.

C'était ce mot qui la mettait en scène et qui la représentait dans les autres sens qu'il refoulait de façon équivoque.

En entendant ce mot dans toutes ses résonances, elle visualise soudainement le fantasme que cet *obéir* recelait.

Elle voit d'abord dans *ob* la marque d'un tampon féminin, tandis que l'*ire* signifiait la colère, mais également haïr, la haine.

Ce qu'elle mesure d'abord, c'est que son obéissance légitimait sa colère et sa haine contre sa mère.

Mais il y a plus, car si c'était la crainte de l'*ire* de sa propre mère, de la haine de sa mère, qui la contraignait à se mettre en position d'objet, à prévenir ses désirs, à exécuter son propre désir pour elle, il est clair qu'elle refoulait sa propre haine contre sa mère sans rien dire, *pour être obéie à son tour*, comme si le comblement de ses propres désirs par l'autre, par l'obéissance, *incarnait son propre idéal de l'amour*.

Si elle ne se positionnait que comme tampon des règles maternelles, en refoulant sa part de haine, ce n'était qu'en attente d'usurper un jour son pouvoir, *de faire la règle*, à entendre au sens de loi.

Or c'était sa culpabilité, liée à son désir d'être sa mère, cette mère-loi, qui la poussait à continuer à obéir, à ne pas voir la haine de sa propre mère à son endroit, *afin de mieux l'auréoler de la toute-puissance qu'elle convoitait*.

Là où percevoir sa jalousie et sa haine aurait démis cette règle maternelle de son piédestal, dont l'ire ne provenait déjà en réalité que de cette impossibilité de faire un à deux.

Car c'était à défaut de l'union sacrée qu'elle projetait son propre tort comme la faute de sa fille, pourtant inconsciemment tant aimée.

En dernier lieu, l'ire ne provenait que de l'impossibilité du tampon à unir les deux comme une règle, car si cette règle exigeait ce tampon, c'est qu'il y avait une faille à laquelle sa haine tentait vainement de faire écran.

Je donnerai un second exemple d'erreur identificatoire. Une femme s'oblige à endormir sa petite fille de trois ans en passant des heures à lui chanter des chansons.

Bien qu'elle le fasse contre son gré, elle se sent contrainte à l'endormir jusqu'au bout, sur un conseil de sa mère, qui par ailleurs ne l'a pas aidée dans sa maternité. Un jour, alors que sa petite fille ne parvient pas à s'endormir, elle se sent prise d'une rage affreuse, et l'injurie. Elle s'excuse auprès d'elle, et s'en veut énormément de cette agressivité qui sur le moment l'a totalement dépassée. Elle se rend compte que ce n'était pas contre sa fille que sa rage se dirigeait mais contre sa mère et son conseil qu'à présent elle juge inapproprié.

Ce qui n'épuise pas la question de son adhésion sans faille aux dires de sa propre mère, ni la contrainte qu'elle ressent, sur le point de l'endormissement, à se *sacrifier* pour sa fille, comme sa mère s'était « sacrifiée » pour elle. Cette femme est analyste, et elle ne comprend pas son retour secondaire au modèle maternel.

Ce n'est que lorsqu'elle prend conscience que sa difficulté à *la coucher* dérivait d'une difficulté à *l'accoucher*, qu'elle mesure d'abord que son accouchement par césarienne, qu'elle vivait comme anodin, était un accouchement qu'elle n'avait pas senti, qui n'aurait été vécu qu'endormie. Ce en quoi elle n'avait de cesse inconsciemment de vouloir *l'accoucher jusqu'au bout.*

Aussi si elle lâchait inconsciemment sa fille pour sa mère sur ce point, en faisant comme elle, en mettant en acte ce sacrifice, c'était pour faire écran à ce désir inconscient qui insistait à se faire entendre. Un désir qui trahissait la non-assomption de l'écart entre elle et sa fille, ce désir de l'accoucher témoignant du fait qu'inconsciemment elle ne s'en était pas encore différenciée.

Mais au-delà de sa fille qu'elle aimait plus que tout, cette mère désirait accoucher de sa propre mère très aimée, la coucher désignant le désir secret de la tuer pour s'en libérer à défaut d'en accoucher. La reconnaissance de sa faille, dont dérivait le mensonge de son assurance-conseil, lui permettait de se libérer du reste d'emprise qu'elle avait sur elle sans avoir besoin, même imaginairement, de la tuer.

Aussi lorsque cette mère m'amène son enfant en analyse pour son trouble du sommeil, après m'avoir relaté le fruit poussé de ses réflexions, elle rajoute qu'en outre sa petite fille est paralysée par le mot méchante. Dès qu'un enfant lui dit ce mot, elle cesse de jouer et s'effondre en pleurs, comme si ce mot était le dernier, qu'il épinglait un manque fatal, la vérité de son être.

Aussi compte tenu de son jeune âge, je joue avec elle, et me laisse emporter par des histoires qu'elle adore, à savoir des histoires de sorcières.

Un jour, elle me dit qu'elle a peur des sorcières, que les sorcières sont méchantes, je lui réponds que si « les sorcières sont méchantes, quand même elles lui chantent des chansons... ». L'impact de cette interprétation est si fort qu'il est physique : elle part en courant et revient me sauter dans les bras. Depuis, le symptôme a cessé.

Et parce qu'elle entendait le sens de savoir contenu dans le mot méchante, l'équivoque cristallisant un désir refoulé : le *me-chante* qui se cachait derrière la méchanceté maternelle en contredisant son pouvoir.

C'est dire que le fantasme de l'emprise maternelle se relativise lorsque le symptôme de l'autre s'intériorise, en faisant surgir le plaisir du chant qui se cachait derrière l'apparence de déplaisir total du pouvoir qu'exerçait sur elle la perte d'amour.

C'est à ce joint que s'ouvre d'ailleurs la sublimation, parce qu'elle conduit à faire avec le manque.

Mais il y a plus, on peut remarquer qu'au-delà de ce symptôme particulier, qui appartient en propre à la petite fille, tout symptôme connote, et celui-ci en particulier, un sens de savoir universel dont l'assomption en conscience remettra le sujet à pied d'égalité avec l'autre. Dans ce cas, le rapport entre la méchanceté et le chant se retrouve dans l'expression faire chanter.

Comme si face à la perte d'amour, face à un manque de sens où l'être se voit dénudé par l'autre, répondait l'au-delà de l'ouverture vocalique liante, sublimée, du chant.

Lorsque je dis qu'aucune filiation ne peut épargner à l'enfant du symptôme, cela témoigne d'une part que le fait d'être humain subsume qu'il se fraye un chemin par une voie inconsciente, par quoi ce trajet implique du refoulé, et d'autre part que la filiation en tant que telle fait énigme. En ceci que la construction des repères internes de l'enfant s'édifie à partir de ses repères parentaux externes.

L'énigme, c'est que la filiation comme l'amour (et ce qui palpite au cœur de la filiation, c'est la question de l'amour) ne se révèlent en aucun cas donnés d'avance, c'est une édification qui se fait plus ou moins bien. Ce qui n'empêche pas que la condition de sa réussite tienne à ce savoir, que cette voie est ouverte, et jusqu'au bout en devenir, qu'elle n'est pas déterminée et arrêtée fatalement par les gènes et non plus absolument arrêtée par l'inconscient.

Cette détermination inconsciente est *ouverte* à la redétermination consciente. Et ceci est le point fondamental, seul susceptible de réinsuffler à la passion filiale son lit vivant.

Car le leurre sur lequel s'étaye la lâcheté dont procède le symptôme par le médium de la haine, c'est que fondamentalement, contrairement à ce que faisait croire le nom du père, qui couvre comme symbole l'indétermination signifiante de la raison, biologique par essence, aucun mot n'est susceptible de faire sens ultime sur le lien de chair, le lien de sang.

Le problème, c'est que si c'est pour l'identification (à son propre père ou à sa propre mère) que le parent lâche l'enfant symptomatiquement, c'est afin de faire écran au fait qu'elle n'était pas toute-puissante, ni absolument prédéterminée, comme du père (représentant du mot) on l'attendait au départ.

C'est à mon sens ce que localise de primordial une psychanalyse digne de ce nom.

Car la haine, c'est une tentative de masquer ce manque : au fait que *l'identification rate* par rapport à ce que l'on en attend. C'est ça le point fondamental.

Ce que je voudrais faire savoir, c'est que rien n'est inéluctable, à condition que cela se parle, à condition de rassurer l'enfant quand pour lui une situation tourne au drame.

Il n'y a pas à être coupable, n'importe qui fait des erreurs, mais il y a à être responsable. Ce qui ne veut pas dire accepter cyniquement ses erreurs, comme le faisait, il n'y a pas si longtemps, un politicien, comme si on n'y était pour rien. Ce qui veut dire essayer de revenir rationnellement sur ce qui détermine un point de haine à resurgir. Or ces points de fracture ont une histoire, ils se rapportent aux erreurs des grands-parents que les parents ne sont pas fatalement contraints de répéter. Ils peuvent savoir et apprendre à les surmonter.

Devenir parent

Être mère, être père, sont de grands tournants dans la vie d'un homme et d'une femme.

En ceci qu'avec la parentalité deux notions prennent consciemment un poids inédit.

D'abord la dimension de génération, et de façon concomitante la dimension de la mort. Quelque part, en devenant parent, la mort s'intériorise comme une donnée.

Et si elle est véritablement réfléchie, c'est une stimulante source de fécondité car elle réinjecte la dimension de temporalité, et donc de limite, qui peut pousser le sujet à compter sur lui, et pas exclusivement sur l'autre.

Seconde remarque, les femmes savent souvent mieux goûter au plaisir, à la joie, à la source de renouveau qu'est la venue d'un enfant. Ce que les hommes n'ont pas encore réellement appris, car les modèles à cet égard leur ont fait cruellement défaut, et que cet amour leur a été longtemps interdit.

Mais cela se dessine, ils apprennent à suppléer à ce manque de repères, et c'est bien. Car le rôle du père est aussi important que le rôle de la mère. L'enfant a besoin d'une relation *spéciale* avec son père et avec sa mère.

Plus les rapports sont équilibrés, mieux ça vaut.

Être père

À cet égard, je dirais que, contrairement à ce que Lacan pensait (1) (2), le père n'est pas là exclusivement pour représenter dans le réel l'interdit, l'autorité, que ce soit dans la bouche de la mère, ou même dans le mi-dit. Le père n'a pas à être une pure fiction, un repère virtuel lointain, dont la fonction n'équivaudrait qu'à interdire. *Un symbole doit pouvoir être mis à l'épreuve du réel.* Ce n'est pas parce que symboliquement, du point de vue de l'inconscient, il représente l'interdit par la transmission du nom de famille qui couvre l'incertitude biologique (et j'ajoute de la raison), qu'il doive dans le réel n'être tenu qu'à cette représentation, que ce soit dans la bouche de la mère, ou dans le mi-dit.

Cela reviendrait à écraser dans le réel ce que symboliquement le père représente du signifiant, comme possibilité d'écart par rapport au désir de la mère, et par extension aux propres désirs de l'enfant (que la mère symbolise). Car si le père colle dans le réel à la fonction d'interdit, la fonction du signifiant serait écrasée dans l'être, par quoi elle ne saurait engendrer qu'un effet d'imposture. Ce qui en retour ne pourra générer qu'une propension à la transgression.

Bien au contraire, cette fonction d'instrumentation de la raison ne prendra toute sa consistance créative que si elle se modélise à partir d'une *relation d'amour réelle et proche du père.* Car ce n'est que dans cette mesure qu'elle pourra servir de repère, susceptible d'ouvrir au jeu des contradictions et des identifications dont procède la différenciation.

J'ajoute en outre que si le père ne fonctionne qu'à interdire, quelle que soit sa modalité, il fonctionnera comme usurpateur de la loi identifiée à l'être ; cela se passera mal pour l'enfant, d'autant qu'imaginairement il n'y aura pas de clivage entre le père et la mère, le père n'étant dans ce cas que le négatif de la mère. *Ce qui ne ferait qu'alimenter le pouvoir maternel.*

Mais si je ne pense pas que le père doive représenter l'autorité pour les enfants dans la bouche de la mère, c'est que, par cette torsion, l'enfant sera interdit d'aimer son père, et qu'au bout du compte il ne voudra pas de son amour.

L'enfant se sentira coupable d'aimer son père par rapport à sa mère. Il confondra faussement le père et la haine, la mère et l'amour, sans pouvoir voir qu'il y avait de l'amour *et* de la haine et chez le père et chez la mère, et que ce qui primait au fond chez tous deux, c'était de l'amour.

D'autre part, cet abri autoritaire dont elle userait pour interdire la défausserait du même coup de ses propres limites à l'amour qu'elle éprouve pour son enfant, limites qui existent quels que soient ses dires, et ses désirs. Limites qu'elle doit pouvoir assumer sans faire culpabiliser l'enfant de ses propres désirs, sans lui faire croire que ce n'est qu'à cause du père qu'elle ne peut l'aimer totalement.

À côté de cela, il est très important que la mère ne dénigre pas le père auprès de son enfant, elle doit lui laisser la possibilité de l'aimer, de prendre du plaisir avec lui. De même que le père ne doit pas dévaloriser la mère. Si c'est le cas, « l'accusé » doit se défendre ouvertement. Sinon l'enfant serait réduit à aimer le parent en question de façon cachée et culpabilisée.

Ce respect mutuel est d'autant plus important à faire exister (bien qu'il ne soit pas facile à faire régner !) que c'est d'un équilibre entre ces deux formes d'amour que procède l'équilibre mental de l'enfant. Non seulement parce qu'il a besoin de ses *deux* parents, mais encore parce que la relation à chacun de ses parents sera l'objet d'une surdétermination inconsciente dans ses rapports à l'autre, et, au-delà, d'une surdétermination des fonctions que la mère et le père symbolisent inconsciemment pour la pensée[1].

J'ajouterai autre chose ; si chacun des deux parents doit éviter d'interdire à l'enfant l'amour de l'autre parent, d'un autre côté ils n'ont pas à cacher, à masquer, c'est-à-dire à couvrir leurs erreurs, ou celles de l'autre.

Les enfants ne doivent pas confondre l'amour et la haine. Et c'est aux parents de les aider à faire cette distinction. Si un enfant se plaint à son père de la violence de la mère, ou de la violence de son père à sa mère, il faut lui dire que c'est vrai quand c'est le cas, il ou elle était « méchant », ce qui n'empêche pas qu'au fond, et à côté de ces moments-là, il l'aime vraiment. Et que s'il ou elle est agressif(ve), *ce n'est pas de sa faute, à lui l'enfant, c'est le problème du parent.*

Être mère

Nous l'avons vu, pour Lacan, si le père a une importance symbolique capitale, en revanche sa fonction dans le réel est extrêmement réduite, elle se limite à ne pas trop abuser de son autorité en ne s'identifiant pas à la loi. En dernière analyse, la responsabilité de l'enfant, en terme de devenir, ne repose selon Lacan que sur la mère, dans le cas qu'elle ferait de la parole paternelle et de son autorité.

C'est mince, et à mon sens non seulement très insuffisant mais inadéquat au besoin de l'enfant, et j'en ai livré en partie les raisons.

En ce qui concerne la fonction maternelle, ni Freud ni Lacan ne se sont étendus ni sur son symbolisme, et encore moins sur la conduite que la mère devait adopter avec son enfant.

À quoi cela tient-il ? Peut-être au fait qu'ils croyaient qu'elle savait *a priori* ce qu'il fallait faire avec son enfant.

D'ailleurs ce qui est curieux, c'est que Freud (3) pensait que la femme pouvait trouver un plein amour d'objet avec son enfant. Ce dont l'expérience montre que c'est un leurre, l'enfant ne réalisera pas la mère, cet amour ne sera pas totalement plein, et il vaut mieux qu'elle puisse faire la part des choses entre le plaisir qu'elle peut prendre avec lui, qui peut être certes immense, et le plaisir qu'elle prend en dehors de lui. À défaut de ce savoir, son insatisfaction rejaillirait dans ses relations avec lui.

Si cet amour était véritablement plein, comme Freud le prétend, si cet amour était sans faille, on ne voit pas d'où viendraient les symptômes, car c'est précisément de cette impossibilité de fusion que dérive la haine dont par moments aucune mère n'est exempte.

De plus, l'existence de moments de haine maternelle témoigne précisément du non-savoir maternel instinctuel sur ce qu'il faut faire avec son enfant, d'où la nécessité d'explication, et de réflexion, de revenir non seulement sur ce qui rate, mais aussi sur les difficultés qu'une mère rencontre sur son chemin dans la relation qu'elle noue avec son enfant.

Il est clair que la commune mesure de la difficulté qu'un homme et une femme éprouvent en devenant parents, c'est la question de la responsabilité, c'est la nécessité d'assumer non seulement soi, mais un autre qu'il faudra élever. Néanmoins être mère bouleverse d'autant plus profondément la femme que ce changement de positionnement dans sa vie se traduit dans son *corps*.

Elle vit une sorte d'adéquation entre un désir, ou le rejet d'un désir, et une traduction corporelle de son désir, ou du refus de son désir d'enfant.

Adéquation qui la confronte à un réel non indicible, mais inconnaissable. Car ce n'est pas parce qu'elle porte un enfant dans son ventre, qu'elle sait ce qui se passe en elle. Elle sent des choses, mais elle est l'objet de ce qui se déroule dans son corps devenu maternel. Elle n'a aucune prise rationnelle interne sur ce dont elle ne peut être que l'effet.

Et cela se passe plus ou moins bien, selon l'investissement fantasmatique de la grossesse : si elle se nourrit de cette illusion de complétude, elle pourra éprouver du plaisir à cette attente, si au contraire l'attente maternelle était très forte à son égard, la grossesse pourra être source d'angoisse.

En tout cas, cette transformation réelle, et l'attente de la grossesse, sera vécue différemment selon les rapports de la femme à sa propre mère. Je n'entrerai pas dans les détails de ce problème.

Puis vient l'accouchement, où fantasmatiquement mais aussi réellement surgit avec ce passage de l'enfant hors de son corps, en donnant la vie, la dimension de la mort.

Par quoi, dans cette naissance, un enfant sort du corps. Un enfant qui est à soi, mais qui n'est pas soi, qui sort de soi, mais que l'on ne connaît pas.

Ces moments sont plus ou moins bien vécus, mais ils ne se passeront pas sans heurts, sans remaniement, car au-delà de l'épreuve physique qu'ils représentent, ils sont pris dans un réseau de symboles inconscients qui sont d'autant plus « chargés » fantasmatiquement qu'ils figurent la limite interne de la possibilité de reprise de la raison.

Mis à part ces deux moments forts dans l'existence d'une femme, être mère, à mon sens, n'est pas différent d'être père, ce n'est pas pour rien si j'ai jusqu'ici indifféremment parlé du père et de la mère comme parent.

Dire que le rôle de la mère n'est pas différent du rôle du père peut paraître paradoxal, car une mère est une femme, un père est un homme. C'est vrai. Mère et père subsument une identité sexuée.

Néanmoins le malaise des hommes et des femmes, *c'est qu'ils passent le plus clair de leur temps à tenter de la prouver cette identité* ; à savoir qu'elles sont femmes... à savoir qu'ils sont hommes... Ce qui témoigne de l'illusion et du manque que cette identité constitue. Mais j'aurai l'occasion de revenir plus amplement sur ce point.

Ce qui ne veut pas dire que du fait de modèles qui ont longtemps fait loi, les femmes ne soient pas empreintes de sacrifices, qu'elles ne se sentent pas obligées d'assumer comme « femme » leur travail, leur mari et leurs enfants, et que les hommes ne soient pas aux prises avec la difficulté de se lâcher, de lâcher l'image d'un pouvoir qu'auparavant ils représentaient.

Cela mis à part, il est nécessaire de savoir la charge fantasmatique que la mère porte, à son insu, pour son enfant. Elle doit le savoir pour permettre à l'enfant un écart entre le pouvoir dont elle est naturellement investie, et sa réalité humaine [2].

Ce fantasme se retrouve dans la façon dont la femme a été reléguée pendant des millénaires au rang d'objet : avoir été *jalousée au point d'être asservie à l'homme* ne tenait qu'à un seul fait. Au fait qu'elle *puisse être potentiellement mère, porter l'enfant dans son ventre, lui donner la vie.*

L'enfant est confronté à ce fantasme dans son rapport à sa mère, il croit que lui ayant donné la vie, elle sait qui il est, quand bien même elle n'en saurait pas plus que le père sur ce qui se passe dans son ventre.

Néanmoins j'ajouterai un bémol à ce que j'avance ; lorsque la femme devient mère, elle saura, à son tour, que sa mère, pas plus qu'elle, n'avait accès au secret de la vie, et bien qu'elle puisse refouler cette perception sitôt éprouvée, que cette perception même sera source de bien des symptômes, elle sera néanmoins confrontée à ce réel que ce secret est un manque, et de ce manque (s'il est assumé) part l'amour.

Mais cela l'enfant n'en a aucune idée, et ce dont il a terriblement peur, c'est de la haine maternelle, il préfère être coupable de sa haine qu'en prendre conscience. Parce qu'il croit qu'*elle sait*. Il préfère la combler, culpabiliser de sa propre haine, laisser ses propres désirs de côté, plutôt que de voir que par moments elle le hait (à défaut de l'être). Il relativisera sa haine s'il fait une analyse, en s'apercevant que s'il occultait la haine maternelle par sa culpabilité en idéalisant son pouvoir de rejet comme de la puissance, là où la part de haine maternelle faisait qu'il la plaçait extrêmement haut, il s'apercevra que dans ses moments de haine, elle était en demande, que ce n'était pas à lui qu'elle s'adressait, mais qu'en lui, c'était elle qu'elle cherchait.

Il y aurait plein d'autres choses à dire sur la symbolique inconsciente que représente la mère, je ne m'y étendrai pas. Je dirai simplement qu'élever un enfant suppose savoir lui donner la possibilité de s'excentrer, d'assumer ses propres désirs, de s'envoler de ses propres ailes. Apprendre à l'aimer, *non parce qu'il serait comme soi, mais parce que c'est un être d'exception comme tout être humain.* Or pour que l'enfant se différencie sans trop de heurts, il y a non seulement lieu de le protéger, l'écouter, lui parler, prendre du plaisir avec lui, lui donner de l'amour et apprendre à le lui dire, mais aussi savoir poser des limites sans violence, après avoir fait sens sur les limites.

Le couple et l'enfant

Le plaisir que donne un enfant est immense, il peut être facile si on apprend à faire la part des choses entre ses propres désirs, et ses désirs à lui. À se mettre à son niveau, à apprendre de lui.

À ne pas avoir peur de lui, de sa souffrance, de sa haine, de son *amour*, et à savoir le recevoir cet amour et pas seulement le donner. Et, d'une certaine façon, ce plaisir se sait, tant et si bien que les parents ont parfois tendance à se protéger de la difficulté de la relation de couple derrière l'amour que leur donne leur enfant qu'ils mettent à la place du mari ou de la femme.

Et tout simplement parce que avec un enfant la question de l'identité sexuée peut s'évacuer plus aisément qu'avec un adulte du sexe « opposé ».

Aussi le pas délicat à franchir est le passage de deux à trois, en ceci que la difficulté de la réunion tend à glisser sur la pente facile de l'exclusion.

D'ailleurs c'est le cas de tous les racismes, de se réunir sur une identité supposée supérieure, pour couvrir sa culpabilité, son incapacité à appartenir, à faire un, à faire *corps* avec l'autre, en rejetant son infériorité imaginaire sur l'autre, et comme sa faute.

Le plus souvent, c'est le conjoint qui est victime de cette exclusion, parfois, plus gravement, c'est l'un des enfants.

Mais à nouveau la question se pose : qu'est-ce que l'amour ?

L'amour, c'est des moments, pas du tout le temps, l'amour, cela se ressent, et si cela ne se ressent pas, il n'y a pas à culpabiliser pour cela, il reviendra.

L'amour n'est pas à attendre tout de l'autre, l'amour vient de la faille qui est en soi, non du plus haut ni du plus bas, ni de l'apparence, mais du fond de soi. Cet amour, cette nécessité qui peut se réduire à un fil mais qui ne peut jamais entièrement se résorber, qui parfois peut se gonfler à l'extrême, personne n'y échappe. Car le propre de l'être humain, c'est de ne pouvoir s'autosuffire.

En définitive, si on désire faire couple avec l'autre, avec un conjoint, avec son enfant, c'est à défaut de faire couple avec soi-même.

Or ce défaut ne se vit plus comme une faute lorsque l'on s'aperçoit que l'on a besoin d'aimer, que la vie sans amour est fade et sans intérêt.

Ce défaut ne se vit plus comme une faute si l'autre n'est pas là pour suppléer fantasmatiquement à ses manques. Et ce n'est que lorsque l'on accède à ce savoir, et non lorsque l'on colmate ce savoir par quelqu'un, que l'on peut être responsable en amour, c'est-à-dire savoir parler de ce qui ne va pas, parler du fond, y réfléchir ensemble, et tout seul, prendre du plaisir ensemble, et à côté de cela prendre du plaisir qui n'appartient qu'à soi.

CHAPITRE V

La séparation

Pourquoi est-il si difficile de se séparer ?

Si difficile au point que l'union même puisse s'indexer à l'horreur de cette perspective pour la précipiter, afin de ne pas faire durer cet effrayant horizon.

Si difficile au point que certains puissent en mourir.

Si difficile au point que son idée même puisse conduire certaines personnes à s'interdire, de fait, tout amour hors du cadre familial, alors que c'était dans le cadre familial qu'elles auraient pu découvrir le ferment de la raison de cette difficulté.

Oui, pourquoi est-ce si difficile de se séparer ?

Pour saisir les linéaments de cette douleur, demandons d'abord ce qui conduit un homme et une femme à se séparer.

Bizarrement, c'est à peu de chose près les mêmes raisons qui les conduisaient à se réunir, comme un retournement en son contraire d'un plus vers un moins. Un retournement d'amour en une haine franche, qui se joue à partir d'une limite qui touche au narcissisme.

Habituellement ce qui fait qu'un couple existe, c'est l'idée qu'on ne jouira pas du manque de l'autre, dans une certaine limite tacitement acceptée.

Ce n'est que lorsque cette limite est franchie de façon trop répétitive par l'un, que l'autre dira stop. On arrête les frais.

Mais il peut aussi arriver que l'un des deux dise stop parce qu'il a un autre en arrière-pensée, un autre censé mieux l'aimer et là, à revers, ce qu'il cherchait de la part de son conjoint, c'était une limite, un interdit, une possessivité qui pour lui était spécialement nécessaire à sa notion de l'amour.

Néanmoins quelles que soient les raisons invoquées, la séparation se vit comme un échec, que le sujet soit agent ou qu'il soit l'effet douloureux de cette séparation ; il s'avère que l'un comme l'autre sont engagés différemment tant dans la consistance de leur amour passé que dans le ratage qui les conduisait à se séparer.

Ce qu'il vaut mieux savoir pour ne pas répéter inéluctablement la même erreur.

Le désir de séparation

SE SÉPARER POUR UN AUTRE

Lorsque l'on se sépare de quelqu'un pour un autre, en son for intérieur on était déjà prêt à se séparer. On ne tombe amoureux que parce que l'on se ménageait secrètement une vacuité, un espace libre pour une autre relation.

Aussi le remplacement sans la transition du deuil se fait sur fond de tromperie, sur fond de contentieux non réglé, par quoi le désir de séparation qui passe par cette modalité est fondamentalement équivoque ; d'un côté, il reste demandeur à l'égard de celui que l'on voudrait remplacer, et, de l'autre, il consiste à vouloir le marquer de sa tromperie, à désigner au-delà de la tromperie, par ce passage à l'acte, de l'erreur au cœur de la relation.

Le problème est que ce désir de faire bouger les choses, de rompre le malaise quitte à en passer par la séparation, ne se médit pas par la parole, il ne fait que tenter de la susciter de la part de l'autre, sans s'y confronter.

Au fond, cette substitution procède fondamentalement du désir de colmater la souffrance de la séparation, en abandonnant pour ne pas être abandonné.

Cependant l'expérience montre que la souffrance immanente à cette perte fera retour inéluctablement. Bien qu'elle puisse être colmatée au départ, par l'investissement d'un autre amour, elle fera retour à la mesure du passage à l'acte qui conduisait à ce type de séparation, c'est-à-dire à l'aune du silence qui entourait l'insatisfaction de la relation de couple.

Elle fera retour sous différentes formes, par rapport aux enfants vis-à-vis de qui on se sentira coupable, par rapport au remplaçant que l'on aura du mal brutalement à investir, par rapport à celui que l'on aura quitté envers qui on sentira un manque, une nostalgie, une tristesse, un regret.

Mais la souffrance fera retour en ceci que l'on ne se quitte pas comme ça, on n'efface pas l'amour que l'on a eu pour un autre par un simple vouloir.

Il suffit que l'on veuille « tourner la page » par un acte volontariste, et regarder vers l'avenir, pour que sans qu'on y prenne garde, le passé nous rattrape et nous plonge à notre insu dans les racines de ses ratés.

Un travail de deuil est nécessaire, il doit se faire pour parvenir à se séparer et passer vraiment à autre chose, c'est-à-dire à s'engager.

La véritable tromperie qui sous-tend cette substitution, c'est que le sujet dans ces différentes histoires n'aura rien choisi, ni de se séparer vraiment avec celui avec qui il était, ni de s'engager vraiment avec son nouvel amour. Vis-à-vis de chacune de ses relations, il est dans un faux choix, dans la mesure où son désir reste conditionné par un autre de façon comparative et non pas par soi. Et c'est cette difficulté de choisir, de savoir vraiment ce que *lui* désire, en l'affirmant, à laquelle ultérieurement il ne manquera pas de se heurter. Alors à quoi peut être liée la souffrance de ce type de séparation, qui d'apparence est confortable pour le sujet ?

Tout d'abord, à la prise en acte de la souffrance de l'autre, qui peut renvoyer le sujet à son amour pour l'autre auquel à tort il ne croyait plus.

Mais au-delà, c'est l'idée que l'on n'avait pas tout fait pour que ça marche, que l'on était malhonnête dans la façon d'aborder les choses, que l'on était provocant au lieu de les dire réellement. Et les dire vraiment ne passe que par un canal, j'y insiste, *celui d'accepter de parler de la souffrance que l'autre nous occasionne, sans se sentir humilié pour cela.*

Car lorsque l'on regarde de près ce qui fait souffrir en amour, le fond du problème auquel l'être humain est confronté, c'est la logique de la *domination*. La logique de la domination demeure symptomatiquement sous l'égide du semblant, elle vise à se protéger d'un engagement conçu à tort comme total, c'est-à-dire mortel : du coup, l'enjeu de maîtrise, qui vise à couvrir son infériorisation, court-circuite la question de la souffrance, en la transmuant en enjeu de violence. Là où la souffrance, dès qu'elle est parlée, dès qu'elle est dite sans pour autant succomber à une demande totale, fait intervenir la limite de l'être humain, à savoir le fait éminemment réel qu'il a un corps, c'est-à-dire qu'il est mortel, et que sa mortalité, son corps, ne lui permet pas de tout encaisser, qu'il a une limite à ce qu'il peut supporter. Ce devant quoi la logique de la domination se dérobe, d'où l'air faux dont elle couvre sa souffrance en la retournant contre l'autre, pour la lui faire payer.

Le vrai problème de l'amour, son problème de fond, c'est de retrouver, comme me le disait un patient poète à ses heures, les filaments d'amour qui passent entre les êtres, de retrouver avec l'existence de son corps la possibilité de se lier, sans faire écran à son manque, dans le plaisir avec l'autre.

La vraie question que pose l'amour, c'est de sortir des différentes modalités des rapports sadomasochistes maître/esclave, seigneur/féal, professeur/élève, etc.

Il est clair en effet que la façon dont on se comporte avec l'autre se retourne immanquablement contre soi, en ceci qu'elle n'est que l'indice de la violence avec laquelle le sujet intérieurement se traite. De surcroît, elle ne s'avère que le reflet de la façon dont inconsciemment on aimerait être traité par lui. Et à cet égard la religion catholique est effectivement vraie lorsqu'elle dit au sujet d'aimer son prochain comme soi-même. *Néanmoins le problème est que ce dont elle fait un devoir est une réalité. Effectivement l'homme aime son prochain comme lui-même, c'est-à-dire pas beaucoup parce qu'au fond il a du mal à s'aimer*.

Et c'est cela d'ailleurs qu'une analyse réapprendra au sujet, à s'aimer, à se respecter, à se considérer, condition nécessaire pour qu'émergent réellement l'estime et le respect de l'autre.

Ceci étant dit, cette tromperie, en quoi consiste le désir de se séparer pour un autre, n'est rien d'autre que l'impossibilité de s'engager. Un malaise qui rejaillira par d'autres voies, du fait même qu'au lieu de partir de ce qui rate dans le couple, pour réduire ce ratage, le sujet tentera de combler ce qui lui manque, en cherchant à boucher les trous, par un ailleurs, qu'il ne conçoit que dans l'autre.

Or aucun autre ne peut combler le sujet, de la même façon que lui ne peut combler l'autre ; la princesse charmante ou le prince charmant, que l'on attendait dans ses rêveries les plus intimes, n'est effectivement qu'un rêve, dont les fondements piquants se reposent sur un mol oreiller, que la réalité au bout d'un moment se chargera de rappeler à leur dureté pour nous réveiller.

L'« idéal », la « moitié », la « bonne », le « bon », n'existent pas ; de surcroît, quand bien même par magie ils existeraient, ils ne nous satisferaient pas.

À la longue, l'individu sera ramené aux mêmes difficultés qui grevaient auparavant son ancienne vie de couple, à savoir *lui-même*.

Car l'ailleurs qu'il recherchait en l'autre, ce qui faisait la magie de la rencontre, au décours d'un laps de temps s'épuisera. En ceci que cet ailleurs qu'il recherchait en l'autre n'était pas celui de l'autre, c'était l'ailleurs *en lui,* dont il était en quête. Et tant qu'il n'exploitera pas la corde de son désir, à lui, de ses désirs créateurs, il sera aigri, frustré de sa spécificité, que seule confère, en amour même, la possibilité de créer, c'est-à-dire partir de ce qui foire pour le redéterminer.

Se séparer, non contre l'autre mais pour soi

Ce qui ne veut pas dire, à côté de cela, qu'il y ait des cas où lorsque l'on a tout fait pour que ça marche, et que manifestement l'autre ne le veut pas, il ne faille pas se séparer.

Rester à tout prix avec l'autre, au point de se faire maltraiter, relève d'une erreur, de l'idée que l'amour n'est pas pour soi, qu'on ne le mérite pas.

Mais le curieux de l'affaire, c'est que, même dans ces cas particuliers, la séparation puisse se vivre comme douloureuse. Et là, la question à dénouer, c'est qu'est-ce que l'on se faisait payer, qu'est-ce que l'on réparait, c'est-à-dire qu'est-ce que l'on colmatait de ses rapports à sa famille, en étant avec une personne qui nous maltraitait ?

Partir pour se réaliser

Certaines personnes désirent se séparer pour exister, pour vivre enfin leur vie, sans être assujetties à un autre.

Ce type de séparation se fonde sur du faux par excellence. En ceci que ce n'était pas l'autre comme tel qui le privait de son épanouissement, de la réalisation de ses désirs les plus chers, mais son inconscient.

De plus, plus l'autre représente l'interdit, plus il est investi d'un savoir plein, plus la dépendance à l'autre est prégnante, plus la séparation sera douloureuse.

Et tant qu'il ne saura pas ce que l'autre représente pour lui de sa famille, ce que la *date* choisie pour se séparer représente historiquement pour le sujet, quelle relation familiale tordue se rejoue avec lui en le coinçant sur certains points en position d'objet, le désir de se séparer reviendra de façon récurrente à l'aune de sa demande d'amour envers cet autre, *incomblable parce que déplacée*.

Aussi ce que peuvent nous apprendre les fondements du désir de séparation, *c'est qu'elle est rarement nécessaire*. Ce n'est pas parce qu'il y a dérapage que ce dérapage est automatiquement irrémédiable. Il est toujours provocateur, même si par essence il est irresponsable dans la mesure où il passe par l'acte, au lieu de passer d'abord par le dire.

De plus la caractéristique du malentendu, c'est d'être ouvert à l'entente. *Parce qu'en réalité dans un couple, ce que tous deux désire, c'est de l'amour*. Et choisir de se séparer est plus difficile que choisir de rester ensemble.

Un désir de séparation ne va jamais sans fond de reproche, sans désir de rapprochement. Il est toujours empreint d'un sentiment d'être lésé.

Mais le paradoxe de ce désir de séparation, c'est qu'il surgit toujours de façon déplacée. *On en veut toujours à l'autre de ce que l'on n'ose pas faire pour soi. L'autre symbolise l'interdit à la réalisation du sujet, alors qu'il est choisi le plus souvent, précisément, inconsciemment pour s'interdire ce que l'on désire le plus*.

Et s'il est identifié à l'interdit de ses désirs les plus chers, c'est afin d'occulter que la réalisation de ses désirs ne le fera pas être la toute-puissance dont il investissait cette réalisation.

La séparation non choisie

La douleur la plus vive dans une séparation frappe celui qui aime encore l'autre, et se voit contraint à se séparer.

Et là, il se croit souvent obligé de subir la séparation, il se croit obligé de la subir comme s'il n'avait pas le choix.

Mais ce qui est curieux, c'est que ce sont souvent ces mêmes personnes qui se retrouvent inéluctablement abandonnées. Dès qu'une menace de séparation surgit de la part de l'autre, elles s'effondrent, comme si la vérité profonde du désir de l'autre était de se séparer. Comme si la séparation était fatale, qu'elle ne pouvait pas se parler et se discuter. Dans ces cas, ce qui se rejoue est un abandon passé, c'est cette peur d'être abandonné qui, de par son histoire, s'impose avec une force devant laquelle le sujet se croit obligé de plier.

Néanmoins derrière cette peur se cache régulièrement un désir d'abandonner l'autre ; aussi le fait d'être abandonné se vit-il inconsciemment comme une punition, répondant à la lecture de son propre désir inconscient. Derrière ce choix qu'ils vivent comme forcé, derrière le choix de l'autre, qu'ils vivent à tort comme incontournable, ce qu'ils entrevoient, ce n'est rien d'autre que la projection de leurs désirs.

Une femme, dont le mari se sépare pour une autre, me dit penser au suicide pour la première fois de sa vie.

D'abord parce que c'est dans l'après-coup de cette séparation qu'elle prend la mesure de son amour pour lui, à un point qu'elle qualifie de délirant, puisqu'elle a l'atroce sentiment qu'elle ne pouvait aimer que lui.

Mais le problème qui se pose à moi et à elle, c'est d'où vient le surcroît de douleur qu'elle éprouve, au point qu'elle ne puisse plus réagir, au point qu'elle ne puisse pas lui demander de compte, au point qu'elle s'enfonce pour qu'il voie à quel point elle l'aimait, pour qu'il mette des limites à sa chute, là où elle n'en voyait plus le fond.

Ce surcroît de souffrance se liait à la culpabilité de cet échec qu'elle portait *entièrement* comme si lui n'y avait pas sa part. Lorsqu'il lui dit « c'est la fin entre nous, je pars avec une autre femme parce que je jouis mieux avec elle qu'avec toi », *elle le croit*, elle croit que ce n'est qu'à cause d'elle, de son insuffisance, qu'il la quitte.

Elle ne peut plus faire la part des choses entre son désir de se séparer à lui, lourd de contentieux malgré l'argument plat avec lequel il se défausse de l'échec de leur relation, et son manque à elle, *à être femme*, qu'elle croit épinglé et dévoilé définitivement.

Mais elle le croit symptomatiquement, coupablement, parce que inconsciemment le mot *fin* dérivait pour elle sur le sens du mot *femme*, dont elle faisait symptomatiquement une *fin* en soi. Et parce qu'elle n'avait pas entendu que la *fin* condensait également sur son versant de savoir la *faim*. Cet autre sens qui dévoilait la limite sur laquelle se reposait son désir d'être femme, qui pour elle équivalait à une toute-puissance capable de suppléer radicalement à l'autre.

Aussi c'est en prenant acte de la limite de son désir inconscient qu'elle s'aperçoit que sa culpabilité, dans cette séparation, était liée à son désir de *se séparer de lui*. Un désir qui avait pris pour elle la forme d'un pressentiment précédant depuis longtemps cette rupture. L'âge de son mari, dans lequel elle pressentait un terme à leur relation, correspondait à l'âge où sa mère commençait à faire le deuil de son père, à vivre sa féminité, alors que jusqu'à très tardivement ce deuil était insurmontable.

Alors sans m'étendre sur ce cas, dont les ramifications nous entraîneraient trop loin dans le resserrement où ce symptôme s'inscrit, il est remarquable que la rupture puisse mener symptomatiquement à un désir de mort. Le leurre du sans-limite de l'amour, c'est qu'il ne relève que du renversement d'un défaut en faute.

Le défaut que la faute efface, dans le symptôme, dans un rapport plus/moins en annihilant le sujet pour l'autre, *c'est qu'à deux on ne fait pas un*. À deux, on ne peut faire une entité, deux êtres unifiés comme-un. *Mais aussi qu'à un, on ne fait pas deux, qu'on ne peut suppléer à l'autre totalement...*

Que l'on provoque la demande d'amour pour ne pas s'y risquer, ou que l'on pousse l'autre à la rupture pour ne pas avoir à l'engendrer, ces deux versions se conjuguent pour rabaisser la demande d'amour à une demande avilissante, pour la réduire au témoignage d'une impuissance. Ce que ça n'est pas, si l'on s'aperçoit que là est la question.

Le propre d'un couple, c'est d'éprouver la nécessité d'être rassuré sur l'amour. C'est toujours le manque de cette réassurance qui pousse un couple momentanément à se haïr. C'est ce manque qui à la longue dessine les conditions de la séparation.

Or si la séparation est rarement nécessaire, c'est que le plus souvent la séparation procède d'un court-circuit. La séparation est une tentative de trancher le nœud gordien de la jouissance, c'est-à-dire ce qui au-delà du sexe, dans l'autre, met le sujet en position d'objet.

C'est une tentative de trancher ce qui lie le sujet inconsciemment à l'autre, ce en quoi elle procède d'un échec. Car en mettant des limites dans le réel entre soi et l'autre, la séparation occulte que le réel de cette limite existait déjà dans le symbolique, il suffisait de la retrouver. Et c'est tout le travail de l'analyse d'amorcer un courant séparateur, un travail d'excentration, qui ne débouchera pas sur un non-amour, comme on voulait le croire, mais bien différemment sur la possibilité d'un autre amour.

Un amour renouvelé en son fond, qui remettra le sujet à pied d'égalité avec l'autre, et avec tout autre. Dans la mesure où le tribut de haine inconsciente dont relève la jouissance sera payé en conscience par l'avènement du sujet au leurre qui gonflait sa dérive, à savoir le crédit de toute-puissance inféré *a priori* à l'autre, par le pouvoir des mots.

Ou, pour le dire simplement, *l'enfer, ce n'était pas l'autre*, contrairement à ce que laissait à désirer la haine qui éclate dans une séparation ; ce qui était en jeu chez l'autre, cet enfer, était d'ores et déjà en soi.

Les effets de la séparation

Les effets de la séparation sont intéressants à étudier d'abord parce que leurs analyses permettent de surmonter le surcroît de souffrance qu'ils peuvent occasionner, ensuite parce qu'ils sont l'indice d'une dépendance à l'autre, que son manque fait inévitablement ressentir, quand bien même on l'avait refoulé.

Les formes de ces effets peuvent s'isoler en trois tableaux, la position dépressive, mélancolique, la position haineuse guerrière que je qualifierai de paranoïaque, enfin les effets dans le corps qu'une séparation peut produire : la souffrance à défaut de trouver une issue externe par la pensée se renversera dans le corps du sujet.

Bien que ces positions soient en lien étroit, elles procèdent de mécanismes spécifiques.

J'examinerai brièvement la guerre consécutive à la séparation, certains ressorts des effets corporels dans la souffrance, puis je m'attacherai spécialement à la mélancolie, qui dans son extrémité dessine lumineusement, et nous verrons comment, ce qui se joue de façon plus ou moins bruyante dans toute séparation.

La guerre

Denis de Rougemont (1) remarquait très justement que l'amour comme la guerre commençaient par une déclaration.

À ceci près que là où la guerre est faite pour finir, l'amour est une déclaration où précisément la dimension de fin est *a priori* exclue ; faire une déclaration d'amour est une déclaration d'engagement où le temps idéalement n'a plus sa place.

Et pourtant il y a l'idée que la haine signe l'amour, et d'un certain bord, elle en est l'indice. À ce bémol près que l'amour n'est plus assumé, l'amour, c'est-à-dire la reconnaissance de l'humanité de l'autre, se voit ici rejeté. La guerre qui éclate après une séparation tient du désir vital de marquer l'autre, de le faire souffrir afin qu'il concède la souffrance que lui a infligée la séparation, qu'il concède avec sa reconnaissance l'amour qu'il a pour soi.

Ce en quoi elle procède d'un désir de *domination*, qui lui-même dérive du désir de surmonter *sa propre aliénation*.

Les effets de la séparation dans le corps

Lorsqu'un patient nous décrit la souffrance que lui occasionne une séparation, il a souvent recours à des métaphores corporelles.

Il peut identifier ce qu'il ressent à la perte d'un morceau de corps.

Il peut éprouver des sensations d'étouffement, des sensations de malaise dans un endroit bien particulier, des sensations de folie, une sensation de meurtrissures. Il peut cesser de manger, se mettre à boire, etc.

Or toutes ces sensations ont pour sol une *équivoque inconsciente*. C'est comme si le signifiant inconscient incorporé, activé par la situation extérieure, écrasait la pensée sur le corps, en la bloquant, tant que le sens équivoque duplice, cristallisé dans le mot du malaise, n'était pas entendu.

Par exemple, une femme qui ressent des horribles sensations d'étouffement à la suite d'une séparation me dit qu'elle ne comprenait pas cette séparation, elle la comprenait d'autant moins qu'elle avait tout fait pour cet homme. Et pourtant *j'ai tout fait/j'étouffais*, me dit-elle ; effectivement elle étouffait d'avoir tout fait pour lui.

Un homme a des malaises dans le métro, il manque de s'évanouir, de perdre connaissance, dès qu'il s'engouffre dans ce lieu. Le point, c'était que le métro fonctionnait inconsciemment comme un me-en-trop, un moi en trop sans cette femme qu'il avait perdue, et qui représentait son père, dont la mort, comme cette séparation, était passée totalement inaperçue.

Une femme qui cesse de manger découvre qu'audelà de la faim perdue, c'est la fin de la relation qu'elle anticipait, pour ne pas avoir à l'attendre, comme si elle était inévitable.

Ces quelques exemples pour signifier que ces types de malaises physiques s'enracinent dans une pensée inconsciente que le sujet refoule. Et tant que le sujet n'a pas pris acte de ce qui l'agite, c'est sur le corps, à ses dépens, que sa souffrance rejaillira.

La dépression, la mélancolie

Lorsque je disais que les effets de la séparation entretenaient des liens étroits, c'est en ceci que la haine, à l'instar des somatisations, est toujours sous-tendue, pour peu que l'on s'y penche, par une dépression.

C'est en cela que la mélancolie, qui pousse au paroxysme la voie qui conduit à la dépression, est pour nous si riche d'enseignement [1].

Alors qu'est-ce que la mélancolie ?

C'est d'abord une douleur qui transparaît par tous les pores de la peau de celui qui en est affligé.

Ensuite c'est une énorme difficulté à se mouvoir et à parler.

Enfin c'est un délire qualifié d'auto-accusation, psychiatriquement classé en délire de ruine et de petitesse ; le patient s'accuse en effet de tous les maux, de tous les défauts, d'être la cause de la ruine de sa famille, ou même d'un futur cataclysme mondial.

Cependant au-delà de l'écran du délire, l'écran du sans-cause, du sans-raison que le patient nous sert sur un plateau d'argent, il s'accuse plus profondément régulièrement d'être la cause-faute de la séparation d'avec l'être cher, ou de sa mort.

Comme si lui seul était entièrement responsable de ce qui s'était passé avec l'autre, comme si le choix de l'autre n'avait à aucun moment droit de cité en cas de séparation, comme si le corps de l'autre n'était pas de mise en cas de mort, le simple fait que la mort n'obéisse pas à un simple vouloir, à une quelconque maîtrise, s'avérant occulté.

Ce qui est pathognomonique de la mélancolie, c'est que le sujet *n'a pas cru* à la séparation, ou qu'il *n'a pas cru* à la mort de l'autre, ce dont il devra prendre acte.

Mais ce à quoi il ne croit pas en réalité, c'est que l'autre ne soit pas mort *contre* lui, il ne croit pas que le corps puisse obéir à des lois indépendantes du désir. La mort transformée en désir de meurtre, en désir de mort, consistant fantasmatiquement, a transmué de l'immaîtrisable en du maîtrisé.

En cas de séparation, il ne peut pas croire que l'autre puisse aimer quelqu'un d'autre que lui. Cependant s'il ne le croit pas, ce n'est pas par délire de toute-puissance, c'est que l'autre représentait tout pour lui, représentait son désir en l'incarnant en toute-puissance. C'est le refus de cette perte qui engendre un désir de meurtre, un désir de meurtre qui dans la mélancolie se retournera contre soi, en désir de suicide. C'est dire que ce que Freud (2) a découvert, c'est que cette cause prise comme faute, à laquelle s'identifie le sujet, procédait du retournement d'un désir de meurtre contre soi.

Aussi dans la mélancolie, il y a plusieurs choses. Il y a d'abord le fait que si le sujet endosse toute la faute sur ses épaules en cas de séparation, c'est pour mieux effacer la différence entre lui et l'autre, ce à quoi fait office ce médium de la faute. La faute annule la différence entre la haine de l'autre, son erreur et sa propre erreur, sa haine propre.

C'est dire que la mélancolie ne fait que pousser à l'extrême l'idéal absolutiste de l'amour. La confusion entre soi et l'autre médiée par la notion de faute que le sujet se met à représenter comme la cause, visant à produire du pareil, du même, ce sur quoi se repose pour tout homme dans le fantasme la notion de l'amour.

Or les délires de petitesse et de ruine ne sont que la *contradiction* opposée à cet idéal de l'amour. Le délire n'est que l'objection, la conséquence, la réponse au leurre, à l'erreur qui fonde l'amour sur la notion d'identité, à quoi répond sa dérive vers la mort. *Et c'est en ce sens que cet idéal, ce faux, cette fiction, que l'on voudrait pour l'amour, est la ruine du sujet, sa fin, dans son rapport à lui-même, aux autres et au monde.*

Mais il y a plus, lorsque je disais plus haut que la façon dont on se comporte avec l'autre n'est que le reflet de la façon dont on voudrait que l'autre nous traite, ceci est *éclatant* dans la mélancolie.

Ce que le sujet désire, pour des raisons historiques (car on ne devient pas mélancolique comme cela, il faut avoir sacrément souffert pour se mettre dans cette position, pour idéaliser l'amour à ce point-là), c'est que l'autre endosse sa part de responsabilité dans cette séparation. Car s'il culpabilise pour deux, s'il porte secrètement la faute de l'autre qui représente quelqu'un de sa famille, c'est afin que l'autre l'endosse par contrecoup.

Mais s'il ne peut mettre en cause celui ou celle à qui cette mélancolie s'adresse, c'est qu'il a le sentiment que le mettre en cause reviendrait à le tuer.

Il se tait et retourne sa haine contre lui-même car il ne peut pas la dire, parce qu'il pense que la dire, ou tout simplement la penser, serait un équivalent meurtrier.

Et pourtant la mélancolie est dépassable, elle ne fait que mettre au jour dans ses conséquences les mécanismes de la dépression qui s'impose comme une constante dans la séparation[2].

Or lorsque Lacan dit que l'amour, c'est la mort (3), *ou que l'assurance amour, ce serait aussi l'assurance haine, c'est vrai dans le fantasme. C'est faux avec l'aide d'une analyse.* Car si le propre du travail analytique consiste à remonter la question de la haine qui se cache derrière l'amour, c'est pour parvenir au leurre de la déification de l'autre, à laquelle elle répond, en évitant cette question.

J'ajoute que ne pas saisir cela contredit toute effectivité analytique. En effet non seulement on ne voit pas comment savoir que l'on hait pourrait dégonfler cette haine, car, après tout, intimement le sujet la connaît sa haine, mais encore comment la désupposition de l'autre au savoir, qui constitue effectivement le terme d'une analyse, pourrait advenir si ce trajet ne procédait qu'à légitimer le symptôme à exister, sans en saisir la cause. À savoir l'illusion dont cette supposition ressort.

Sous cet angle, la mélancolie démontre que la limite entre deuil normal et deuil pathologique est floue.

Car ce qui est difficile à surmonter dans la perte d'un être cher, c'est que son absence, ou sa disparition, fera phare et sur ce que l'on se reproche à son endroit, et sur ce qu'on lui reprochait. Ce n'est que lorsque le sujet peut faire la part des choses, entre ce qu'il se reproche et ce qu'il reproche à l'autre, que l'amour se relativisera, qu'un courant séparateur rendra compte qu'il y avait autre chose que de l'identification. Car il est clair que pour faire un à deux, il faut comme le Christ endosser la différence comme une faute, ce en quoi l'amour ne peut aboutir qu'au sacrifice.

Mais au-delà, ce n'est que lorsqu'il saura ce que cet autre représentait pour lui, des membres de sa famille, ce qu'il rejouait avec lui, ce qu'il représentait de son désir en l'incarnant en puissance, au point de vouloir se tuer en cas de perte, ou plutôt de se tuer pour ne pas le tuer, alors il saura, en vidant ce qui dans cet amour le faisait souffrir, sa part active dans ce qui l'objectivait.

Alors l'autre sera réhabilité de sa faille, à laquelle sa haine refoulée faisait office de voile.

En ceci que derrière la part de haine inconsciente qui par moments existait se cachait une énorme demande d'amour, que le patient pourra retrouver. Aussi ce n'est que lorsque ce décollement, ce retour sur cette relation aura lieu, que l'autre pourra passer au rang d'humain aimable, à nouveau digne d'être aimé.

À cet égard, certains psychanalystes font une confusion entre la singularité irremplaçable de l'autre, et le potentiel d'amour vital du sujet.

Ce n'est pas parce que l'on perd un être unique, extrêmement cher, qu'il est impossible de se sortir d'un deuil, sinon ce serait croire que l'autre peut incarner le sens total du sujet, ce qui est le propre du fantasme inconscient, qui mène, rappelons-le, au désir de meurtre. Ce que l'exigence minimale de la psychanalyse est de remettre à sa juste place.

Néanmoins ce que ces analystes touchent du doigt à leur insu, c'est une dimension symptomatique de la théorie qu'est la notion d'objet d'amour, dont dérive l'idée d'une interchangeabilité. C'est parce que l'autre n'est pas un objet, mais une personne, qu'il n'est pas interchangeable. Ce n'est jamais le même que l'on retrouvera. Même si c'est de ce mirage que procède le fantasme inconscient.

Retour sur la question de l'amour

Pour conclure, je dirais que la difficulté ultime à surmonter en amour tient à la peur de la séparation, avec toute l'ambiguïté que cette peur suppose, alors que par essence la séparation en amour est une possibilité non écartable.

Aucun couple ne peut être sûr de ne jamais se séparer, bien que ce soit ce désir de réassurance, de longévité qui pousse au mariage et au désir de procréer. Néanmoins cette question a d'autant plus de poids, la séparation menace d'autant plus deux personnes, que l'amour pour eux est indexé à une référence totalitaire, idée-balle, comme me disait une petite fille, au lieu de dire idéal, à une idéologie absolue de l'amour. Et l'amour n'est jamais absolu.

C'est lorsque l'autre est mis en place de suppléer à ses manques, c'est-à-dire à la nécessité créatrice qui procède de la singularité de chacun, que l'idéal dérive sur l'idée-balle, *la différence prise comme faute, s'échangeant violemment comme balle, dont chacun se dégage jusqu'à user jusqu'à la corde la réserve d'amour inconsciente.*

À cet égard, ce n'est pas pour rien, si dans la littérature les plus grandes passions, qui finissent d'ailleurs le plus souvent dans le tragique, sont celles interdites par l'extérieur. Comme si dès que l'amour était déclaré, légitimé aux yeux des autres (c'est-à-dire à ses yeux), l'individu se confrontait à l'ennui, par quoi il se met à chercher une limite avec l'autre qu'il ne projette ordinairement que dans la fin de la relation.

Or si la psychanalyse introduit un changement sur la question de l'amour, c'est que la limite à l'amour ne sera plus recherché à l'extérieur, dans la temporalité, ou dans la transgression de l'interdit, mais à l'intérieur. Ainsi la différence, la séparation entre le sujet et l'autre, qui se retrouvera à l'origine, ne se projettera plus fatalement comme une fin.

Lorsque l'on regarde de près d'où vient le préjugé totalitaire de l'amour, d'où vient l'idée qu'un homme plus une femme pourrait faire un, on s'aperçoit qu'elle ne dérive que de l'inconscient, qui par nature réinfléchit ce que l'on perçoit de l'autre à travers les lunettes des relations familiales passées, qui, par essence et dans cette perspective, projette l'impossibilité du désir à faire être le sujet, avec le relent de la toute-puissance que cet être implique, dans l'autre, afin de faire écran au manque qui conditionne ce désir.

Être avec un autre, le plus souvent, permet de ne pas assumer ses désirs, l'autre n'est qu'ordinairement le prétexte interdicteur à la peur de l'échec. Mais ce n'est pas à cause de l'autre qu'on ne réalise pas ces désirs, comme je l'ai déjà dit, mais pour se les interdire, afin de ne pas être confronté au fait que réaliser son désir n'éteindra pas son propre manque.

À cet égard, il me faut rajouter quelque chose que nous allons à présent examiner : en effet la résistance à assumer ses propres désirs tient fondamentalement à la sexualité. Désir veut dire plaisir, et désir, comme plaisir, implique la sexualité. Or c'est à ce niveau que l'amour oppose son barrage, puisque avec le sexe, avec le désir sexuel, intervient le réel de la différence des corps.

DEUXIÈME PARTIE

Le sexuel

PRÉAMBULE

La mise en évidence, par Freud, de l'existence de l'inconscient a eu pour corrélat le repérage de l'importance de la fonction du sexuel dans la vie psychique. Ce que pouvait indiquer de façon plus générale la dimension tabou, voilée, interdite, dont il a été de tout temps l'objet.

Cette prégnance du sexuel se retrouvait d'un côté comme l'une des sources du symptôme, et de l'autre à l'origine du sentiment de déraison que cette souffrance pouvait occasionner.

Cependant l'onde de choc que la psychanalyse produisait sur les consciences s'avérait moins liée à la nouvelle possibilité pour les hommes que cette découverte dessinait, moins liée à la révolution dans le sens qu'elle engendrait, moins encore aux nouvelles conséquences qu'elle imposait dans le domaine des idées, qu'à l'horreur de la stigmatisation du rôle du sexuel dans la pensée.

Freud et le sexuel

Alors pour aller au vif du sujet, qu'est-ce que Freud dévoilait sur cette sexualité ?

— Tout d'abord, il posait que si le symptôme psychique, le ratage, avaient trait à la question de l'amour, en deçà, l'expérience lui enseignait que cet échec même s'enracinait dans une problématique où le sexuel cristallisait un enjeu déterminant.

Ou, pour le dire autrement, le fait d'être attiré par le bas, et non vers le haut, de se laisser choir pour un Autre, s'articulait à la sexualité.

Dans cette droite ligne, il s'avisait que le refoulé inconscient gravitait autour du sexe, dans la mesure où l'être humain en fait un enjeu de son être, de son identité sexuée.

— Que l'enfant lui-même s'avérait dès son plus jeune âge la proie d'émois sexuels, et de plus que le sexuel constituait pour lui un foyer fascinant de réflexion. Que le désir de savoir, quand bien même il s'articulait au leurre d'un pouvoir sans limite, avait le sexe pour horizon.

— En ce qui concerne l'étiologie sexuelle traumatique qu'il inférait aux psychonévroses, ultérieurement, (1) notamment dans « Psychologie de la vie amoureuse », il met en lumière la part de fantasme qu'elle condensait et revêtait pour le sujet, le traumatisme, qu'il soit réel ou non, étant concomitant de l'écart entre la croyance, l'idéal dont il était investi, et sa réalité.

— En construisant le complexe d'Œdipe, Freud mettait en relief non seulement que le désir incestueux fondait avec le fantasme de meurtre le sens vers lequel se dirigeait le fantasme inconscient, mais encore que le désir incestueux organisait de façon refoulée tout nouvel amour. (Et à cet égard, lorsque l'on regarde de près ce qu'en amour le sujet reproche à l'autre, c'est de n'être paradoxalement ni sa mère, ni son père, ni sa sœur, ni son frère ... selon les cas, comme inconsciemment le sujet le croyait.)

— Enfin il mettait en évidence dans les deux sexes le rôle symbolique de la différence des sexes ; d'un côté, la toute-puissance psychique que représente le pénis dans l'inconscient, ce à quoi correspond, nous l'avons vu, le *concept* de phallus, et, de l'autre, la fonction de l'absence de pénis de la mère en ce qui concerne le complexe de castration, d'où procèdent et le refoulement du complexe d'Œdipe et le transfert d'amour de la mère au père, qui au bout d'un moment dans les deux sexes primeront en conscience.

Ce n'est que plus tardivement qu'il inférera un rôle symbolique au sexe féminin, celui d'habitat et de logis au pénis. Or bien que cette conception n'épuise pas la question de la sexualité, ces découvertes n'en sont pas moins décisives. Cependant à ces avancées conceptuelles répond le reproche de pansexualisme d'un côté, et de phallocentrisme de l'autre.

Disons d'abord que le reproche de pansexualisme est infondé, en ceci que la mise en évidence pour Freud de cette charge souterraine qui envahit l'humain de façon si encombrante, loin d'avoir constitué pour Freud un point d'arrêt, une légitimation, un pousse-au-sexuel, s'est avérée la source d'une interrogation féconde, susceptible de soulager la conscience de ce qui du sexe, de l'inconscient, faisait obsession. En ceci qu'il commence à évider et les raisons de l'investissement massif de la sexualité dans l'inconscient, et l'impossibilité, le leurre sur lequel repose ce mythe, ce que dénote de prime abord son refoulement.

En ce qui concerne le reproche de phallocentrisme, il s'avère être plus ou moins fondé.

Il est vrai que Freud déniait aux femmes l'intelligence qu'il prêtait aux hommes, sous couvert d'un surmoi qu'elles auraient eu plus faible du fait d'un pénis rabougri, ce qui est effectivement énorme [*La Vie sexuelle* (2)]. Aussi si sur ce point, malgré son immense génie, il était fils de son temps, à contre-pente de cette incohérence massive (et nous allons voir comment cette idée va à l'encontre de ce qu'il découvre), en mettant en évidence que le pénis s'érigeait pour tout être humain dans l'inconscient au rang de symbole de toute-puissance, il commençait à esquisser à revers que le pénis ne jouait que le rôle *illusoire* d'un enjeu de l'être.

Néanmoins puisque j'ai parlé d'incohérence, de quoi s'agit-il ?

Je commencerai par dire qu'hormis le fait que le surmoi soit autant à l'origine de l'échec que du succès, on peut se demander en quoi le fait d'avoir un pénis, autrement dit de coller à l'enjeu fictif qu'il figure pour le mental, pourrait permettre à l'homme d'être plus intelligent que la femme.

Quand bien même Freud inférerait cette intelligence au complexe de castration, c'est-à-dire au refoulement de cet investissement sexuel au profit de la sublimation, avancer que la femme serait moins surmoïque que l'homme, et moins désireuse de savoir, du fait de son pénis rabougri comparativement au grand pénis de l'homme, sous-tend que, chez l'homme, celui qui aurait un plus grand pénis serait plus intelligent que celui qui en aurait un petit. Ceci pour pousser dans ses retranchements un fantasme pour le moins caricatural.

De plus, à suivre encore un peu cette hypothèse dans ses conséquences, dans l'exacte mesure où l'intelligence, c'est-à-dire la créativité, est conditionnée par l'écart entre l'idéal de puissance que le pénis représente et le manque du sujet par rapport à cet idéal, plus le sujet est conscient de son manque, plus il est animé par le désir de le suturer ; or si cela tenait à la réalité anatomique d'avoir un pénis ou de ne pas l'avoir, cela privilégierait, à contre-pente de ce que Freud avance, la femme par rapport à la logique de la création ; la réalité de la clinique montrant bien plutôt que si le manque s'accroche imaginairement au pénis chez les hommes *et* chez les femmes, c'est du fait de sa forme unitaire, de son rapport à la procréation, de sa possibilité de s'ériger, de se gonfler, et d'éjaculer, ce qui le fonde spécialement à représenter le pouvoir des *mots*, tant dans son versant condensateur de sens, que dans sa capacité à le délivrer, dès qu'on l'entend autrement que ce qu'il laissait à désirer [1]. Ce à quoi répond le pas lacanien (3) (4).

Néanmoins, le propre de la sexualité est d'aller au-delà de la question du pénis, et d'aller au-delà du pouvoir du mot qu'il symbolise, quand bien même dans l'inconscient le désir sexuel s'étayerait sur le signifiant et sur son pouvoir de recel de sens inconscient. Car le véritable problème qui fait irruption chez l'homme par le truchement de la sexualité, c'est qu'elle vienne du corps, et que non seulement elle relève d'une origine inconnue, mais qu'elle fasse saillir le corps dans une dimension de vivant, au-delà de l'esprit. Le symptôme du sexuel chez l'homme, c'est qu'il fait toucher du doigt une source de plaisir, très forte, très intense, réitérable, mais partiellement saisissable en conscience.

Aussi d'autres remarques s'imposent que nous reprendrons au fur et à mesure de notre propos. Il est curieux que le rapport au sexe, et plus généralement au corps, soit toujours interdit, caché, qu'il s'articule de ce fait à la notion de transgression et de culpabilité. Que plus l'interdit est fort, plus la jouissance soit vive.

Comment se fait-il que le rapport que l'on entretient avec son corps, idéalisé par moments, source de rabaissement et d'agression par d'autres, reflète le rapport que l'on a avec l'autre ?

Qu'est-ce qui produit un désir sexuel ? Est-ce naturel ? Comment se fait-il qu'il faille des aménagements pour que se produise de la jouissance ? Comment se fait-il que jouir n'ait rien d'évident ?

Quel rôle joue la différence des sexes dans la vie psychique, et en quoi cette différence réelle est-elle source de problème ?

En quoi le sexuel implique-t-il de la perversion ?

Pourquoi cette attraction, en quoi cette répulsion ? Pour essayer de répondre au mieux à ces questions, il nous faut aborder la sexualité, et la force d'attraction qu'elle exerce sur le psychisme, sous deux angles. D'une part sous un angle génétique, d'autre part à travers le prisme de deux grands problèmes qui font difficulté chez l'adulte lorsque le refoulement est constitué, nommément le rapport du sexe à l'amour, puis la question de la différence des sexes, par ailleurs étroitement intriqués.

CHAPITRE VI

Quelques aspects du rôle de la sexualité dans la genèse du mental

Je ne vais pas tenter ici de développer une théorie psychanalytique de la sexualité, je ne me limiterai qu'aux concepts qui font problème, ou à ceux qui méritent à mon sens des prolongements.

La sexualité joue à deux niveaux chez l'enfant comme source de jouissance, ceci de façon très précoce et comme source d'investigation psychique. Ces deux niveaux se mêlant étroitement dans la mesure où le propre du sexuel, c'est d'apparaître à la fois comme une source de plaisir très intense, mais aussi dans l'esprit comme un corps étranger, d'où la tentative d'abstraction, d'appropriation, de maîtrise, que la jouissance corporelle engendre. Cela étant à entendre dans l'extension du concept de sexualité où Freud a été conduit, en ceci que les zones érogènes vont bien au-delà des parties génitales, ce dont témoignent la sexualité adulte et l'importance des « préliminaires » dans l'acte sexuel.

La notion de stade

L'investissement psychique, pulsionnel de ces zones correspond pour Freud chronologiquement aux stades oral, anal, phallique, puis génital, dont il scandait l'évolution de l'enfant.

Néanmoins ce concept a prêté à confusion à la suite de Freud, d'une part parce qu'il laissait à désirer une succession linéaire, et d'autre part parce qu'il a produit la notion de régression (à tel ou tel stade), ce qui donnait à croire à une régression infantile où l'inconscient, le signifiant, n'aurait pas sa part. Ce que Lacan a très justement critiqué tout au long de son œuvre [1].

Ce n'est pas que la chronologie ne soit pas présente dans la construction du fantasme inconscient, l'enfant selon son âge ne s'intéressera pas aux mêmes choses, bien plutôt c'est que l'investissement psychique de ces zones se construit dans une dynamique d'après-coup. Ce qui est patent avec le stade oral.

Je m'explique. Quand bien même cette jouissance de la succion du sein laisserait des traces dans la mémoire, et cela l'analyse n'y a guère accès, cette jouissance est investie rétroactivement, par l'arrivée d'un enfant par exemple, lorsque l'enfant voit son frère au sein de sa mère, et qu'il imagine cette jouissance comme la jouissance ultime, la plénitude suprême.

Mais, de façon plus profonde, cette jouissance « originaire » est d'autant plus chargée symboliquement et rétroactivement qu'elle correspond à un manque, à une privation subjective, où la mère quelque part réduit l'enfant à la sucer, par l'emprise, le pouvoir qu'elle exerce sur lui. L'investissement de la zone buccale, comme la succion où l'activité se cache derrière la passivité, correspond à un rapport à l'autre spécifique, particulier pour l'enfant qui ne se fixe et se condense dans plusieurs signifiants qu'en fonction de manque ou d'excès historiquement vécus.

Par exemple, un homme dont la mère a été spécialement carente me dit qu'il ressent que sa tristesse dérive d'un désir d'être *consolé* par une mère. L'horreur, c'est qu'il sait que ce désir est impossible, ce qui ne l'empêche pas de le ressentir très fort. Le pouvoir qu'il infère à ce phénomène « d'être *consolé* » se dégonfle lorsqu'il entend que c'était du *lait* maternel qu'il attendait un *sceau* à la relation, un amour total. Seulement le propre de ce *sceau*, c'est d'être *sot*, et *con*, c'est-à-dire de comporter une part de non-savoir dans le rapport mère / enfant, ce qui implique une indétermination. Or c'était de là que pour lui la culpabilité de son fantasme de fellation prenait consistance.

J'ajoute en outre que si cette construction ne se fait que dans l'après-coup, c'est à plusieurs titres.

— En premier lieu, parce que la construction du fantasme inconscient, du refoulé implique une réflexion inconsciente, ce qui subsume que l'enfant parle déjà, puisque le sens qui se dépose dans l'inconscient se cristallise toujours dans des mots. Pas un fantasme ne fait exception à cette règle.

— En second lieu, la construction du fantasme inconscient qui prend l'amour pour horizon dans sa dimension de pouvoir et d'avatar questionne ce qui fait symptôme chez les parents, mais le curieux de ceci, c'est que ce questionnement se métaphorise à partir des fonctions du corps.

L'autre et le corps

Je prendrai un exemple de ce que je veux signifier. Une femme est confrontée régulièrement à un laissé tomber de sa mère, au moment où elle en a le plus besoin. Or face à ce laissé tomber, elle ressent à la fois une grande tristesse, une grande déception, mais aussi une grande *lâcheté*, elle est incapable de lui dire quoi que ce soit pour la remettre à sa place, et se met en position d'objet face à son agressivité.

Cependant contrairement à ce que sa tristesse lui faisait croire, la position de victime aimante sans défense à laquelle elle se croyait néanmoins *réellement* réduite, c'était le refoulement de son désir de *la jeter* comme une *merde* qui la conduisait à être lâche au point de vouloir *l'acheter* à ses dépens. C'est lorsqu'elle repère sa part d'agressivité, en entendant ce mot dans toutes ses résonances, dans ses autres sens, qu'elle peut relativiser la haine de cette mère, et le pouvoir qu'elle exerçait sur elle, en se remettant à pied d'égalité avec elle.

Ce qui est très parlant, c'est que le rapport à l'autre, son pouvoir, se fantasmatise comme une relation au corps. Et s'il est nécessaire de saisir ce rapport, c'est que ce n'est qu'en découvrant les enjeux psychiques qui se cachent derrière les rapports compulsionnels au corps, que l'on peut guérir d'une part du rapport à l'autre, et d'autre part du rapport tordu que l'on entretient avec son corps.

Alors à quoi ce mélange de références inconscientes tient-il ?

Cela tient au fait que le corps est l'une des références de la pensée, pas la seule, mais une des références fondamentales, puisque c'est le lieu de la sensibilité, de tout ce qui de la pensée, sur la pensée, fait effet. De plus, dès le départ, le rapport à l'autre, à la jouissance du corps, s'insère dans le cadre d'une relation à l'autre.

L'acquisition de la propreté est enseignante à cet égard. La soumission de la défécation à des règles, à de l'interdit, confronte l'enfant à une perte. Mais avec cette perte se dessine la possibilité d'un jeu avec la mère, de lui faire plaisir, en lui donnant quelque chose, un bout de son corps, ou de retenir ses fèces pour s'opposer à elle, pour qu'elle attende. C'est dire qu'au-delà de la canalisation de ses besoins que l'enfant considère comme une victoire sur lui et sur l'autre, ce qui s'intrique par le médium de son rapport au corps, c'est un jeu duplice avec l'autre. C'est dans cette veine aliénante (en effet qu'il lui dise oui ou qu'il lui dise non, une dépendance existe) que les bouts de son corps et les zones érogènes qui leur correspondent symboliseront dans l'inconscient : l'autre.

Ce qui est intéressant à noter, c'est que c'est à partir d'un manque qui concerne le corps (en ce sens que la maîtrise n'est pas de mise, eu égard à des besoins qu'il ne peut que différer mais jamais abolir purement et simplement), que se construisent et se métaphorisent différents modes de rapport à l'autre : ou un enjeu de liaison, d'amour, au-delà duquel se glissera ultérieurement un enjeu de lecture, ou un enjeu de séparation, de haine, au-delà duquel se glissera un enjeu d'écriture et de création, d'affirmation de ses désirs. Ce en quoi ces trois références immanentes à l'amour et la haine, à la pensée et au corps, se recouvriront dans l'inconscient.

Au-delà de l'autre et de son corps, ce que l'enfant recherche, c'est lui-même, à savoir sa pensée

Ce que je voudrais souligner, c'est que ce que l'enfant cherche par-delà son corps, par-delà les autres qui prennent soin de lui, c'est *lui-même*, quand bien même cette recherche ne se formaliserait pas au départ comme telle dans son esprit, quand bien même elle serait informulée.

Ce n'est que dans cette perspective que l'on peut comprendre pourquoi vers deux-trois ans, comme l'ont remarqué les psychologues, sans jamais pour autant en avoir saisi les raisons, l'enfant est si turbulent, apparaît d'un égoïsme sans nom, en voulant s'approprier tous les jouets, non seulement les siens qu'il ne veut pas prêter, mais ceux de ses petits camarades.

Or cet égoïsme apparent est concomitant de son entrée dans le langage.

Quand l'enfant commence à parler, sa référence, ce sont les choses, il demande ce que c'est que ça en désignant l'objet avec son doigt. Mais très rapidement sa référence se déplacera des choses aux mots. Et ce phénomène est notable puisqu'il ne demandera plus ce que c'est cette chose, il ne se contentera plus de nommer les choses, mais il demandera ce que veut dire ce mot.

La réalité externe s'incorporera dans le langage qui deviendra le médium, le mode d'échange, le rapport de sa réalité interne à la réalité externe ; la plus petite unité de ce rapport étant représentée par le mot. Or c'est à ce moment charnière de son existence, qu'occasionne ce changement de référence, que la question de son moi fera insistance en ceci qu'il se heurte au manque des mots à lui révéler ce qu'il ressent de façon obscure comme étant son être : ce que lui promettait le simple fait d'être référé, d'être appelé par son prénom.

En effet, c'est parce que cette référence de la réalité au mot se révèle inadéquat à identifier l'être auquel il rêvait, et pour lequel il s'était mis à parler, que soudainement il s'accrochera à ses jouets, et qu'interviendra la notion de propriété. Il voudra que tout soit à lui, en s'accaparant les jouets d'autrui. *Avec l'impropriété des mots à le référer pleinement comme il l'attendait au départ, s'extériorisera pour l'enfant le désir de s'approprier les choses qu'il identifiera au signifiant.* Le manque des mots à l'identifier équivaudra au manque des choses à le combler. Or c'est dans cet écart entre ce qu'il *croyait au départ* et pour lequel il s'était mis à parler, et *le glacé des faits* que l'inconscient se frayera sa voie pour tenter de colmater cet écart. C'est-à-dire que le sens de ce qu'il est s'interrogera dans l'inconscient à partir d'une référence au mot, transgressant la grammaire. Par quoi, l'interdit, le caché, et du même pas l'enjeu de son être, se déplacera dans ce bouleversement, des choses et des bouts de son corps au mot lui-même, de la vue à l'ouïe, et de l'acte à la réflexion.

Remarque sur la différence des sexes

Que l'enjeu de l'enfant soit la question de sa référence, la question de la différence des sexes, est là encore pour nous l'enseigner.

Avant même qu'il ne parle, l'enfant est attiré visuellement par le sexe de ses parents, la différence des sexes étant essentiellement ce par quoi se distinguent *deux* corps. Ainsi il repérera notamment un pénis du côté du père, pas de pénis du côté de la mère. Et comme il se veut, pour aller vite (le terme vouloir n'étant pas vraiment adéquat), le pivot, l'axe, le centre de ce couple dont il se sent l'effet, mais dont il désire être l'agent, rapidement, son manque à l'être symboliquement, son manque invisible psychique, se référera, s'identifiera au manque de pénis visible de la mère. Tandis qu'il projettera la possibilité de sa complétude psychique dans le symbole visible et concret qu'est le grand pénis du père.

Autant dire que cette différence perçue en terme de plus et de moins *implique que le pénis dans les deux sexes agisse d'ores et déjà comme le symbole de l'altérité de l'enfant*. Mais si le sexe l'interroge en tant que tel, c'est que, de surcroît, de cette partie basse du corps partent les urines et les fèces, cette part à la fois étrangère et intime, qui représentera le *bout*, le *flux de sens* qui lui manque pour s'envisager, pour envisager sa *raison*, comme totalité en conscience.

Aussi on peut se demander pourquoi c'est au pénis qu'incombe cliniquement ce rôle de symbole de toute-puissance, plutôt qu'aux seins par exemple qui lui équivaudront secondairement. Je vois au moins deux raisons (différentes de celles que nous avons déjà formulées) à la prévalence symbolique accordée à ce bout de corps, au-delà de l'enjeu visible de la procréation qu'il représente (car cela, au départ, l'enfant ne le sait pas).

D'abord son appartenance au père, qui au départ est en position de tiers dans le couple mère/enfant, est propice à métaphoriser l'extériorité qu'il s'agit pour l'enfant de s'approprier. L'enfant s'identifiant à la mère, elle est appelée à relever comme lui d'un manque, là où le père par son externalité, à quoi répond positivement le pénis, devient l'enjeu de sa possible complétude.

Enfin l'unicité du pénis, qui s'oppose au pluriel des seins, le privilégie à représenter le symbole d'une présence, visible, concrète, matérielle, imaginarisée secondairement comme susceptible de se substituer à une absence, à un manque, à un trou.

Mais l'important, c'est que si son corps et celui de ses parents font question, c'est que la différence des sexes, ce qui entre du corps et ce qui en sort, les divers bouts de son corps sont métaphorisés comme ce qui lui manque en conscience, *à savoir le mécanisme de sa pensée.*

Le problème de l'enfant est double : s'il touche à la maîtrise de son corps, il touche bien plus encore *à la maîtrise de son esprit.* Et si le pénis s'érige au rang de symbole dans l'inconscient, si les fonctions de son corps qui sont source de jouissance sont revêtues d'une charge symbolique, c'est que tout ce qu'il voit et qu'il ressent à partir de son corps lui sert de support métaphorique pour symboliser ce rapport rationnel au réel externe et interne, dont il est en défaut au départ, et qu'il métaphorisera imaginairement petit à petit.

Le problème pour l'être humain, c'est d'être *aveugle* d'un coin de sa raison, car la raison n'est pas symbolisée au préalable ; aussi cet aveuglement impose que l'analyse du fonctionnement de sa raison passe par l'autre et le cadre à deux dimensions qu'est la surface du corps, ce qu'entrevoyait Freud par son concept de moi-corps (1). *Ce qui n'a jamais été vu comme tel, et qui est pourtant fondamental, c'est que les fonctions visibles et perceptibles du corps ne sont que le cadre réflexif d'une interrogation sur le psychisme.*

Or l'impact de la différence sexuelle sur le mental relève surtout de cette inadéquation entre le corps reconnu visuellement comme une unité imaginaire, *concrète*, *visible*, et la part *invisible*, *mobile*, abstraite de la raison, rendue seulement *lisible*, et par là *figurable*, par *les mots*.

C'est de cette tension entre le visible et l'invisible, le lisible et l'illisible, que la question de soi identifié au départ comme un manque, idéalisé comme totalement complétable, sera conçue comme relative au mot. Mot dont le pénis représentera dans ses facultés d'érection et d'éjaculation tant un pouvoir condensateur de sens sur le manque que représente l'être, que celui de le délivrer, et dont le sexe féminin (non absent de ce symbolisme) symbolisera imaginairement tant le versant d'effet du signifiant idéalisé comme meurtrier, que le manque à être que le mot, fantasmatiquement, est censé combler.

Ce symbolisme est important à repérer, en ceci que la différence des sexes, le problème que la différence des sexes pose à l'être humain, relève avant tout d'un problème interne au sujet, nommément de son rapport au signifiant, et, au-delà, de ce qui fait rapport, c'est-à-dire sa raison.

Et si le rapport du sujet à l'autre, qui est par moments source de souffrance et de déraison, reflète parfaitement le rapport que le sujet entretient de façon cachée, intime avec son corps, c'est que le rapport à l'autre (envisagé comme le contenant de la solution de la raison) est symbolisé comme une fonction du corps.

Expliquons-nous.

Un homme est compulsionnellement contraint par une nécessité impérieuse qui le pousse à « *consommer* » des femmes, il a du mal à supporter cet assujettissement, cette dépendance sexuelle. Malgré la bonne volonté qu'il oppose consciemment à ce désir, il ne peut empêcher ces moments de « libération » qui mettent en péril son couple (il a en effet mis au courant sa femme de son symptôme, qui en est saturée) et son travail, puisque après ces nuits de « débauche », la fatigue et le dégoût de lui-même lui interdisent de travailler. Aussi par son symptôme, il compromet ce qui lui est le plus cher.

Cependant l'épée de Damoclès qui plane sur sa tête ne peut prévenir cette force inconsciente qui le pousse à s'autodétruire.

Lorsqu'il parvient à me dire qu'en fait depuis longtemps il est complexé par son pénis qu'il juge trop court, il commence à me livrer ce qu'il sait en conscience sur son symptôme. Et bien que ce savoir ne puisse en aucun cas le résoudre, néanmoins une ouverture le mettra sur la piste de sa solution. En effet il a l'idée que cette forme de *devoir*, qui lui enjoint de consommer des femmes, a trait secrètement au désir de pallier la taille de son pénis, puisqu'en érection il est d'une *ampleur* tout à fait convenable. Ce qu'il veut sentir et donner à voir, c'est *l'ampleur* de son pénis afin de faire écran à la cause imaginaire de son infériorisation qui le fait souffrir (bien qu'il sache l'irrationnel de cette souffrance).

En entendant ce mot qui résonne soudainement singulièrement à ses oreilles, comme son mot à lui, il se rend compte que la jouissance qu'il tire de cette ampleur, de cette transformation, d'un moins vers un plus, correspond à des enjeux autres que physiques et d'abord affectifs.

Il se rappelle que son père, « professeur de profession », parvenait à le faire pleurer de rage comme une fille, lorsqu'il lui faisait un cours sur ses erreurs.

À côté de cela, il a toujours aimé faire pleurer les femmes en général et sa mère en particulier, comme si son ampleur à lui (l'ampleur qu'il prêtait à son père à qui il s'identifiait) était liée et comme prouvée par ses *pleurs* à elle. Son complexe et sa compulsion commencent à s'éteindre lorsqu'il entend qu'il y avait des *pleurs* dans l'*ampleur*, autrement dit qu'il y avait une limite à cette toute-puissance psychique, qu'au-delà de son érection il inférait au pouvoir de faire pleurer l'autre en faisant *cours*, c'est-à-dire de pouvoir dire non en s'identifiant au savoir acquis d'un nom, comme s'il déterminait toutes les solutions.

C'est dire que cette différence de taille conçue comme la différence des sexes, la différence homme et femme, n'était que le prétexte, d'une part, d'un fantasme sur le rapport de l'amour et de la haine, d'autre part, sur la raison qui s'éclaire comme l'enjeu absolu de ce lien ; le versant de savoir inconscient venant relativiser la haine en relativisant le pouvoir inféré au signifiant à pouvoir dire non comme un nom, son pouvoir de recel de sens s'avérant *court* en dernière analyse, d'où la nécessité de création.

Tout ce qui touche au corps, en tant qu'il est, comme la raison en dernière analyse, une référence faite d'absence, qu'il répond du dedans, comme la raison, à une aperception pure pour la conscience (bien qu'il soit source de jouissance), est symbolisé comme un rapport de la raison au réel.

L'inconscient consiste à mettre un voile sur le corps, à projeter sur cette surface, sur ces morceaux, des fonctions rationnelles, en homogénéisant ces deux références par le biais du refoulement, dans le signifiant, sans parvenir pour autant à sceller totalement le pouvoir de cette dite raison dans le mot. Ce en quoi le propre du refoulé, c'est de faire retour, et toujours de façon insatisfaisante pour le sujet. C'est de cette torsion que surgit une dénaturalisation, secondaire chez l'adulte, du rapport à son corps ; *dénaturé en ceci que la pulsion organique est gonflée par un sens refoulé, hétérogène au sens courant qu'il désignait.*

Prenons un autre exemple.

Une femme boulimique découvre que l'un des ressorts de son symptôme relève de l'équivoque mange/mens-je. Cette condensation de sens, qui faisait un pont entre le fait de manger et le mensonge, trouvait son ressort réel dans l'exigence de sa mère qui manifestait son autorité sur sa fille dans la volonté excessive qu'elle mange.

L'amour maternel, son amour, passait entre autres par la nourriture, en même temps que l'impératif de son désir en dévoilait la limite.

En effet cette injonction présupposait du côté de la fille un manque à la relation qui tenait à son corps, et du côté de la mère un manque symbolique à la combler entièrement. La perspective mange/mensonge s'imposait inconsciemment, comme une contradiction à l'amour total dont sa mère la berçait en paroles.

Le mensonge faisait également objection au pouvoir inféré à l'amour maternel d'immortaliser le sujet. L'inquiétude sur la vie de l'enfant, que sa mère manifestait en l'astreignant à manger, dénudait dans son excès la dimension mortelle du corps, et par là même la différence entre elles deux, la béance sous-tendant le lien filial, la limite de la possibilité du « nous » exclusif que laissait à désirer le nom, traduite par le simple fait d'avoir un corps.

Mais il y avait plus. Le mensonge désignait l'écart entre ce que l'on digère physiquement de nourriture, et ce qu'on digère de ce qui est dit. Entre ce que l'on croit, et la duplicité de ce qu'il y a. Entre la part physique immanente au fait de manger, et ce que cela figure abstraitement du travail de la pensée. Entre le songe de l'amour et sa réalité qui ne peut prévenir pour l'individu la possibilité de compter sur lui, quand bien même l'amour lui faisait croire qu'il pouvait compter totalement sur l'autre.

Le sexuel dans le fantasme

Nous l'avons vu, ce dont l'enfant est en quête dès son plus jeune âge, inconsciemment, comme hypnotiquement, à travers le monde extérieur, c'est lui-même, c'est sa propre référence [2]. Cependant entre quatre et neuf ans, parfois jusque bien plus tard, cette question de l'origine fait irruption en conscience. Et il se demande d'où il vient, comment on fait les enfants.

D'abord parce que sa visée est d'être grand comme ses parents, et qu'il se prépare à l'idée d'avoir des enfants, mais surtout parce qu'il fait dépendre la *question de son être de sa conception, de son accouchement, et de sa naissance*.

D'autre part, parce que le voile parental apposé sur la procréation, la maladresse dont les parents font montre lorsqu'ils en parlent et s'ils en parlent, suscitent des interrogations qui se confondent avec l'énigme que l'enfant est pour lui-même.

Et si dire biologiquement à un enfant comment s'effectue la procréation ne le satisfera pas (même si c'est nécessaire de lui répondre, ce n'est pas la peine d'en rajouter sur le mythe du rapport absolu sur lequel se repose la sexualité), c'est que fondamentalement *ce n'était pas ça qu'il cherchait*. Ce qu'il cherche, c'est comment il peut savoir le tout pour être la toute-puissance dont il crédite ses parents. *Ce qu'il veut savoir, c'est où commence une pensée, et comment peut-elle s'arrêter en puissance pour le faire être,* a priori, *en totalité.*

Aussi pour comprendre l'impact du rapport sexuel dans la pensée, il nous faut revenir sur la genèse de cet impact.

D'un point de vue historique, les enfants *croient* leurs parents (2), ils croient qu'ils savent *a priori* le tout. Et ils les croient d'autant plus qu'ils leur interdisent certaines choses, comme s'ils savaient à l'avance ce qui est bien et mal pour eux.

Lorsqu'un parent dit non à l'enfant, il prend la responsabilité de savoir pour lui, ce qu'il peut faire et ce qu'il ne faut pas faire, il prend pour deux la responsabilité du sens de cet interdit, comme, *a priori*, il fait plier sous un non, sous un mot, non seulement la raison de cette interdiction, mais le sens de ce qui les unit, puisque c'est au nom de ce lien filial qu'il interdit.

Autrement dit, la limite *approprie* ; c'est parce que l'enfant est celui du parent, parce qu'il est à lui, que le parent se permet de dire non. C'est de là entre autres que l'enfant croit que son moi est contenu dans l'autre, c'est de cette *méprise*, structurante, mais de cette méprise tout de même, que l'interdit et que le nom de famille laissent à désirer, qu'il croit qu'au-delà de l'identification, il y a une identité, et qu'en sachant qui ils sont, le secret de ce qui les unit ou à défaut en transgressant l'interdit qui couvre cette union, il se libérera de la dépendance parentale.

Or le secret de son être, qu'il croit receler dans ces Autres, dérivera, aboutira inéluctablement sur le rapport sexuel, car c'est de là qu'il a été conçu.

L'interdit parental sur la sexualité est implicite, mais s'il a un poids immense fantasmatiquement, c'est que c'est le seul interdit qui se corrèle à une exclusion (la seule chose dont un enfant soit réellement exclu dans ses rapports à ses parents, c'est de leur sexualité). Et de plus une exclusion qui imaginairement l'inclut, puisque c'est de là qu'il est issu.

Cet interdit, ce voile déposé sur ce rapport, où se conjoignent un désir psychique pour l'autre, et un désir de corps qui l'ignore, se condense en dernière analyse avec ce manque à savoir pour l'enfant qu'est son être.

Or il se trouve que dans le fantasme ce rapport sexuel si peu sensé, plein d'animalité, se transmuera en un rapport sadique, c'est-à-dire en un acte de maîtrise de l'un par l'autre, de la mère par le père.

Le fantasme de violence, où se conjuguent un plus et un moins, visant à produire, à maintenir de façon illusoire le mythe d'une identité signifiante dont l'enfant procéderait.

C'est dire que le vrai interdit qui préside à ce fantasme inconscient est un masque destiné à occulter que *le vol était dans la lettre même*, dans le pouvoir que l'être humain accorde au mot que le père représente, à sceller le sens du rapport entre un homme et une femme, mais encore ce qu'ils représentent dans l'inconscient, à savoir le lien entre le verbe et la chair. C'est que, contrairement à ce que l'on croyait, le sens interne de ce rapport où s'imaginarise la possibilité ultime de la maîtrise est inscellable par le signifiant.

Ce qu'il faut saisir, c'est que c'est de ce fantasme,

inconscient, commun à tout homme, que la jouissance sera soit alimentée par l'interdit, et la sexualité se cantonnera à une dimension transgressive, soit interdite tout court pour préserver l'illusion de ce pouvoir dans l'autre parental.

CHAPITRE VII

Le sexe, l'amour et l'interdit

Idéalement l'amour entre un homme et une femme, le véritable amour, devrait être une relation susceptible de concilier différents moments de plaisir, plaisir de l'échange intellectuel, de l'échange affectif, mais aussi plaisir sexuel. Le mais que j'introduis visant à désigner l'un des points qui fait résistance en amour, nommément le rapport intime et personnel que le sujet entretient à son corps et plus précisément au sexe.

La sexualité est l'objection à l'amour que l'on pourrait avoir de soi, et c'est de là que cette résistance se réfracte comme une difficulté à aimer l'autre.

D'où vient cette glaciation, ce gel qu'oppose le sexe dans le rapport que l'on entretient à soi-même et par là même à l'autre ?

Tout d'abord, à l'origine de cette dissonance, il y a le fait que lorsqu'un sujet ressent du désir sexuel, c'est lui et lui seul qui le ressent. Or il suffit que le désir ne s'adresse pas à la bonne personne, qu'il soit lié à des coordonnées dont le sujet a honte, ou à l'envers qu'il ne surgisse pas alors que l'on voudrait l'éprouver, pour que cet écart du désir sexuel par rapport à la volonté soit source d'une intense culpabilité. Et à l'aune de ceci, que le propre de la sexualité, c'est qu'elle ne se contrôle pas comme ça.

De surcroît, ce qui gêne le sujet face à ces désirs, d'autant qu'ils dépassent la limite qu'il juge acceptable, c'est qu'il les *croit*.

Il fatalise autant ses désirs que ses incapacités, parce qu'il adhère à leur *apparente* univocité, d'autant que quelque chose ou quelqu'un de précis déclenche ses désirs. Il les croit, cela veut dire qu'il identifie certains de ses désirs sexuels qui lui répugnent à la part abjecte de son être.

C'est donc parce que le corps, à l'occasion, le rappelle à des désirs ou à des inhibitions qu'il ne veut pas, que pour un sujet la sexualité pourra emprunter des chemins excentrés de son idéal amoureux, ou pire que sa sexualité pourra faire barrage à l'investissement de l'autre.

Dans tous les cas, la propension de la sexualité à s'exprimer sous le sceau du caché et de l'interdit s'avère articulée à sa spécificité, à savoir celle d'être le lieu où se rencontrent le forçage et l'ignorance dans la jouissance, d'être le lieu où se rencontrent la chair et le verbe, là où ce lien s'avère dénué de sens en conscience.

Mais le fond du problème que pose la sexualité, tant à travers les désirs que l'on peut éprouver, qu'à travers ceux que l'on peut susciter, c'est qu'elle nous convoque dans notre identité sexuée.

Et nous verrons comment les différents symptômes, c'est-à-dire les compromis dans l'interdit, se mettent en jeu pour l'éviter, c'est-à-dire pour maintenir le mirage de sa possibilité.

Le sexe et la filiation

Par le biais de l'analyse, l'on apprend à remettre en cause ses parents et sa famille dans ce que l'on rate au présent. On apprend à ne plus considérer comme normal ce que l'on a subi, on apprend à ne plus fermer les yeux sur ce dont on a été l'objet, afin de rompre la transmission de génération en génération le cercle de l'irresponsabilité et de la haine, qui ne peut que se répéter si on ne s'arrête pas dessus, non seulement en parole mais en pensée.

Mais l'important est de savoir que remettre en cause sa famille en se repérant non sur une normale hypothétique, mais sur la souffrance que l'on a ressentie, ne suppose pas l'idée que l'on n'y était pour rien.

Car ce n'est pas parce que l'on a souffert de quelque chose, que l'on n'en a pas joui. Et cela, on ne peut le savoir qu'en revenant sur cette souffrance.

Si, d'une certaine manière, la psychanalyse procède d'un réapprentissage de la question de l'amour, ce réapprentissage s'ajoute à la nécessité de revenir sur ce qui s'est mal passé dans sa filiation dont la sexualité. Par définition, quand quelqu'un veut faire une analyse, c'est que quelque chose a cloché avec ses parents. Sauf que ça ne se passe jamais idéalement. *Pas un être humain n'échappe à la souffrance du grand amour que, comme enfant, il éprouvait pour ses parents*. Et la preuve de cela, c'est que pas une filiation ne peut épargner au sujet de créer des symptômes. Tout symptôme, aussi éloigné soit-il de cette référence, se rapporte à elle, la sous-tend et l'engage comme question.

Or ce réapprentissage de l'amour, nous l'avons vu, passe par le retour sur les points de haine qu'un individu a subis de la part de ses parents. Car la haine bizarrement marque plus que l'amour. L'amour porte, aide à s'envoler, à croire en soi, là où la haine marque, écrit, arrête et suspend.

La haine induit la haine, et plus il en reçoit, plus il la retourne contre lui, pour ne pas la dire, car il pense que la dire est mortel, et que le fait même de la penser ou de la voir tue l'amour.

Ce qu'il apprendra en lisant ce qui s'est déposé dans l'inconscient, c'est d'une part que la haine qu'il a subie n'était pas totale, elle était limitée à des points particuliers, que ce n'était pas à cause de lui en tant que tel, sûrement pas parce qu'il était mauvais et indigne d'amour, mais parce que cette haine parentale était l'effet d'une erreur. Cette part de haine se trompait de personne, elle s'adressait au-delà du sujet à l'un des parents de ses propres parents. *La haine venait de là où l'enfant était identifié*. Cela, le sujet le touchera du doigt car ces torts parentaux, il les reproduira. Ainsi c'est en reliant sa production active à ce que comme enfant il subissait, qu'il s'apercevra que cette haine était tributaire d'une énorme demande d'amour. Et qu'en outre, tout cela, il n'était pas sans le savoir, car cette haine liée à l'identification, il en jouissait, en ceci qu'elle le mettait en position de toute-puissance.

Autrement dit et par un trajet analytique, j'y insiste, un sujet ramènera au fur et à mesure les *dieux* qu'étaient ses parents à leur dimension réelle qui était celle de frères humains. Mais j'ajoute que le sujet va réapprendre les limites de l'amour, en ceci que si l'enfant s'est senti à la merci de ses parents, c'est qu'il croyait à tort qu'ils savaient à quel point il était mauvais et indigne. *Or son indignité, ce qu'il déjuge en lui, concerne toujours la sexualité.*

À deux niveaux.

À un premier niveau en ceci que c'est du sexuel, du symptôme que représente le désir sexuel pour la conscience, la perversion qui fantasmatiquement la domine, que la haine de l'autre est légitimée. On accepte la haine de l'autre en tant qu'elle fait phare secrètement sur des désirs sexuels dont on a honte : aussi dans la mesure où elle épingle son être en terme de manque, la haine fait croire au sujet que l'autre sait son manque.

À un second niveau, car la haine vise à relever le sexe dans l'autre. Ce en quoi les insultes se réfèrent aux parties sexuelles du corps. En effet les insultes, dans quelque langue que ce soit, tentent de faire surgir le sexe dans l'homme, en métaphorisant soit sa bêtise, soit sa perversion.

Lorsqu'un sujet hait quelqu'un, par l'insulte, c'est-à-dire par un mot qui sous-tend un rapport au sexe, il essaye de faire sortir l'autre des rails de sa raison, il essaye, par ce type de mot, de faire émerger du corps dans l'émotion, afin de le marquer de sa faillibilité dont le sexe est un rappel. Il veut le rappeler à sa faillibilité, mais surtout se la rappeler en ceci *qu'au préalable il l'avait lui-même occultée.*

Or ce rapport de la haine à la sexualité tient au fait que, de l'autre, on ne supporte pas deux choses : d'une part, qu'il puisse susciter des désirs sexuels, en nous, aussi bien en dehors de nous, et c'est cette extériorité du désir, pourtant si intime, qui peut être intolérable au sujet au point qu'il se refuse la jouissance, et, d'autre part, d'être l'objet de désir sexuel pour un autre en tant qu'il nous interpelle dans notre identité sexuée, dont le manque peut induire, dans le forçage, du désir.

C'est autour de ces deux pôles, actif derrière lequel existe une passivité, et passif derrière lequel existe une activité, que se construiront à partir d'une histoire, d'un vécu, les fantasmes sexuels qui fonctionnent inconsciemment à produire de la jouissance.

Tout ce que nous avons dit à présent sur l'amour, sur les obstacles qu'un être humain pouvait rencontrer en amour, consistait à montrer que l'amour était historiquement déterminé et qu'avoir accès en conscience à cette détermination permettait de relativiser ce lien à l'autre et de construire l'amour sur un terrain d'égalité.

Cependant il est beaucoup plus difficile de s'apercevoir que la sexualité elle-même, dans ses dimensions de blocage, et dans ses différentes expressions, s'avère également déterminée par ses rapports à sa famille. Les fantasmes sexuels s'avèrent prendre corps dans un réel historique, que le sujet pourra découvrir.

Or si ce point est si peu accessible au premier abord, cela tient au fait que c'est sur la sexualité spécialement que l'enfant érigera un *interdit*. C'est sur les désirs sexuels des parents, et de ses frères et sœurs, que l'enfant apposera un voile.

Il prendra l'expression variée de leur désir sexuel pour son désir coupable à lui, il noiera l'existence de leur sexualité dans sa culpabilité pour éviter de voir leur humanité, pour éviter de savoir qu'ils n'étaient pas exempts de ce type de désir, et de surcroît – horreur ! – à son égard, quand bien même, dans la plupart des cas, ils s'interdisaient leur désir.

Quelle fonction joue la culpabilité ? À quoi fait-elle usage ? Elle fonctionne à maintenir coûte que coûte, si besoin, un savoir dans l'autre, que l'enfant désire obtenir. Et si le complexe d'Œdipe a un sens, quelle que soit son orientation privilégiée, que ce soit le père que l'on désire tuer / ou « baiser », au sens fort du terme, ou la mère (et cela n'a rien à voir avec l'anatomie, mais avec l'investissement affectif), c'est qu'il se fonde sur le désir d'usurper leur pouvoir, de leur voler la clef du sexe qu'il est censé détenir.

Car le symptôme où conduit le sexuel, c'est l'idéal de savoir dont on l'investit. Pourquoi ?

Non seulement, et nous l'avons vu, parce que le sexuel recouvre fantasmatiquement la question de sa propre conception au sens chargé du terme, mais parce que l'irruption de la sexualité, de la jouissance sexuelle, est symptomatique par essence pour l'enfant, en ceci qu'il ne la maîtrise pas. Or c'est cette non-maîtrise qu'il transmue dans les différents membres de sa famille en une maîtrise absolue, soit en niant ce type de désir, soit en transformant leurs désirs, d'autant qu'ils transparaissaient en clair, comme quelque chose de totalement assumé.

Or ce que montre la psychanalyse, c'est qu'il est possible, non de maîtriser de part en part sa sexualité, il y a effectivement une limite à ce que l'on peut choisir (quand on jouit, on jouit, on est l'effet de son corps), mais de se retrouver dans ses désirs, et dans les blocages dont on était l'objet.

Car en analysant la part d'abjection qui revient en conscience des désirs sexuels, là où l'on croyait que c'était l'extérieur qui provoquait en soi des désirs malsains, le sujet s'apercevra qu'ils étaient fondés sur un ressort intérieur qui relativisera ses désirs. Alors au lieu de légitimer la haine de l'autre pour soi, au lieu de légitimer sa propre haine en refoulant ses désirs pour lui, l'autre sera destitué du savoir sur lui-même que le sujet lui prêtait. Par quoi l'amour se lénifiera en ceci que *le sujet saura en répondre*.

Les mécanismes en jeu dans le désir sexuel

Je vais à présent illustrer par différents exemples la modalité d'intériorisation des désirs sexuels et l'effet de soulagement qu'elle produit. Le rabaissement, l'effet de dégoût et de honte de soi que les désirs sexuels peuvent susciter, s'avérant essentiellement fondé d'une part sur le fait qu'ils paraissent exclusivement reposer sur les attraits de l'autre, et d'autre part parce qu'ils révèlent au sujet, en terme de manque, ce qu'il *croit* être la vérité profonde de son être.

Le bien et le mal

Un adolescent, qui a eu une éducation chrétienne extrêmement sévère, refuse la plupart du temps d'avoir des rapports sexuels avec sa petite amie. Il lui refuse le rapport comme il lui refuse d'une certaine manière son amour.

Mais il lui refuse secrètement d'avoir des rapports sexuels pour se réserver pour d'autres femmes, la masturbation réactivant, selon ses dires, la régénération du liquide séminal.

En fait, il lui refuse des rapports sexuels pour des raisons plus intimes qui d'ailleurs le dépriment. Il m'avoue que cette masturbation le fait souffrir, quand bien même elle lui provoquerait une jouissance intense. Ce qui lui déplaît fortement, c'est que cette jouissance, d'une intensité énorme, soit occasionnée par un fantasme dont il a honte. Il imagine se faire pénétrer violemment par un homme, et il rajoute : « L'horreur, c'est qu'ils ont raison les curés, il faut vraiment avoir le mal en soi pour imaginer des trucs comme ça. »

Or lorsque je lui fais remarquer qu'en imaginant cela, il a de fait le *mâle* en lui, un effet d'ouverture et de réel soulagement se produit. D'où procède ce soulagement ?

Simplement de ce qu'il mesure sa part active, là où il se pensait n'être que l'objet d'un désir qui le rabaissait. Il peut prendre conscience du fantasme qui animait ses désirs. Ce qui le faisait jouir, c'était, au-delà du mâle qui le pénétrait, son propre idéal d'être un mâle capable de faire mal, qui conditionnait pour lui la possibilité de choisir une femme et d'être aimé.

Autrement dit, c'est pour la toute-puissance, dont il investissait la masculinité en terme de non-amour, qu'il s'interdisait de jouir avec sa petite amie, comme s'il ne pouvait être aimé par elle sans coller à cet idéal, tout en jouissant extrêmement coupablement d'être l'objet de sa propre fiction.

La putain et la femme

Telle femme se plaint que son mari ne la désire pas sexuellement, qu'il soit toujours fatigué au moment d'avoir un rapport sexuel, quand bien même il lui assure qu'il l'aime ; elle ne supporte pas qu'il n'ait pas le désir qu'elle aurait voulu qu'il eût pour elle.

Mais en fait le paradoxe de cette plainte, c'est qu'au départ de leur rencontre, elle l'avait aimé pour de multiples raisons inconscientes, et notamment, selon ses dires, parce qu'il ne lui avait pas « sauté » dessus, pour reprendre ses termes, parce que ce n'était pas son corps qu'il désirait, mais elle-même, parce qu'il ne l'avait pas considérée comme un objet sexuel, or c'est cela qui dans son enfance et avec son père lui avait manqué.

Le paradoxe de cette plainte est qu'elle ne se déclare que lorsqu'elle découvre avec horreur qu'il fréquentait des prostituées.

À ce moment-là, au lieu de s'apercevoir que c'était son symptôme à lui, que c'était compulsif et que quand bien même il faisait un effort pour résister à son attirance par amour pour elle, que de temps en temps il cédait à son impulsion malgré lui, elle prend son attraction, enracinée dans son inconscient à lui, contre elle. Elle se demande ce qu'elle n'a pas et que les putains ont pour qu'il soit attiré par elles, qu'est-ce qu'elle ne fait pas pour que cela se produise. Est-ce qu'une femme doit être une putain pour être aimée par un homme, etc.

Ce qui est frappant dans ce cas, ce sont deux choses. D'une part, il est patent que malgré sa souffrance, le fait qu'il désire d'autres femmes *attise son désir sexuel pour lui*, lui fait découvrir la profondeur de son attachement à lui dans la mesure où il fait naître en elle de la haine.

D'autre part, il est curieux que si ce qui l'avait attiré chez lui, c'est qu'il ne la prenne pas pour un objet, le paradoxe qui la paralyse dans cette situation, c'est qu'elle voudrait qu'il la prenne pour un objet sexuel comme les putains qu'il désire.

Elle se sent coupable à son égard de ne pas avoir été suffisamment son objet de jouissance, *de ne pas lui avoir suffi*.

Aussi ce qu'il lui révèle d'elle-même, c'est le désir contradictoire qu'elle avait pour son père, le désir mêlé de souffrance d'être sa femme en se substituant à sa mère, puisque apparemment il l'aimait plus comme femme que comme fille, et le désir de le tuer pour faire cesser cette impossibilité que représentait pour elle ce mythe de la femme, avec le relent de putain que pour elle cela sous-tendait.

Son problème, c'est que si elle abandonne cette position de putain, d'un autre côté, à son corps défendant, ces putains l'attirent. Or sa jalousie à l'égard des putains n'est que la traduction d'un versant de son désir d'être une putain, et du pouvoir qu'inconsciemment elle leur prête. En répétant de façon réitérante il *m'ampute*, il *men-pute* de mon rôle de femme, elle entend qu'il y a du mensonge dans ce pouvoir de faire jouir l'autre qu'elle inférait aux prostituées, qu'il y avait du mensonge dans cette position subjective, puisque précisément cette position s'avérait amputée d'une certaine vérité, nommément de son propre désir qu'elle laissait de côté pour assujettir l'autre.

Par quoi, ce pouvoir, et l'idéal de maîtrise qui y était rattaché, commence à se relativiser, avec sa souffrance liée essentiellement à un désir qu'elle s'interdisait.

L'exemple que je vais à présent donner n'appartient pas aux relations entre un homme et une femme, mais il a l'intérêt de mettre en relief le ressort de l'émergence conjointe d'un désir sexuel et d'un sentiment amoureux.

Le désir fou et la folie du désir

Une jeune femme dort chez son amie intime. Au moment d'aller se coucher, elle entrevoit ses seins, et soudainement elle se sent la proie d'un désir irrésistible de les toucher, que néanmoins elle domine, c'est-à-dire qu'elle *refoule*.

Elle se sent gênée d'avoir eu ce désir, gênée d'avoir été fascinée par ses seins qu'elle me décrit avec une poésie qui la surprend. En se laissant aller à parler, elle remarque que cette fille tant idéalisée, et source de tant de jalousie, portait le prénom de sa sœur aînée, source d'une admiration qui n'avait d'égal, qu'une rivalité implacable.

Mais surtout elle s'aperçoit que ce désir, contrairement à l'écran de projection que représentaient ces seins, était né d'un contexte éminemment particulier.

Avant de se déshabiller, son amie lui avait parlé pour la première fois, de façon intime, de la souffrance que lui avait infligée la mort d'un de ses amants plus jeune qu'elle ; elle ressent de prime abord une émotion inhérente au fait que cette fille-sœur se livre à elle, lui parle de sa souffrance pour un homme, d'égale à égale, pas comme à un garçon, mais comme à une « vraie fille », ce qui avec sa sœur aurait été impossible.

Or la jouissance intime qu'elle ressent, la bouffée d'amour qu'elle éprouve pour son amie, et le désir sexuel qui monte en elle, relèvent de quelque chose de fou, de piqué chez elle. C'est ce côté piqué qui, pour elle, lui donnait l'air d'être un ange.

Or c'était pour ne pas abuser de son angélisme qui découvrait sa faillibilité dans cette note de folie, ce piqué chez elle, que comme une *queue*, comme un garçon s'impose à elle le désir de lui caresser les *pis*.

Autrement dit, c'était pour ne pas savoir que l'*enjeu* d'être un *ange* était d'ores et déjà piqué, manquant, qu'elle désire lui toucher les *pis* comme une *queue*, afin de ne pas se confronter à l'impossible qu'était cet idéal féminin auquel *elle* aspirait, en le portant, dans la jouissance, comme sa *faute*.

L'interdit sur le sexe

Je vais me servir de la lumière que jettent ces cas cliniques pour interroger les ressorts de l'interdit qui enrobe le sexuel.

De quelle pâte est fait cet interdit à l'origine du désir sexuel pour un autre ?

Lorsque l'on se penche sur le canal qu'emprunte le désir pour aller à la jouissance, on peut repérer qu'il part de la transmutation imaginaire de son manque, conçu comme une infériorisation personnelle, en une possibilité toute-puissante projetée dans l'autre comme son être. Le désir sexuel prend son pas de la transgression de l'idéal en question, en rabaissant son désir sur le corps, comme une faute, afin de maintenir l'identification possible à cet idéal dans l'autre.

Mais là où le sujet croit intérieurement jouir de l'autre, ce n'est jamais de l'autre comme tel qu'il jouit, mais d'un mot refoulé, au pied duquel il tombe, dans un sens qu'il n'avait pas entendu.

Or cette croyance à l'autre, dont dérive le désir sexuel, et la transgression sur laquelle il prend son pas, procède de l'unification, dans un mot refoulé, de deux, trois sens, dont l'un va à contre-pente des deux autres. Ces divers sens sont autant de frayages possibles dans la relation à l'autre.

Si l'on prend l'exemple du piqué qui correspond à un signifiant type du fantasme inconscient, on peut s'apercevoir de plusieurs choses.

Il conditionne, dans l'exemple que nous avons pris, d'un côté le fondement de la rivalité, la possibilité de reprendre barre sur l'autre, en le piquant, en le volant du pouvoir qu'on lui avait imaginairement inféré. De l'autre, il comprend deux références au corps dont l'une peut servir d'appui identificatoire pour abuser de l'autre : la jouissance servant d'abri à cette impossibilité de fusion, que pourtant représentait ce symbole conjugué de l'homme et de la femme. Enfin sur un versant de savoir, le sens que ce signifiant connote cristallise *l'aporie de cette croyance* en l'autre, en intériorisant le manque commun aux deux que le vol, la jouissance s'attachaient à masquer.

Nommément le piqué, la folie qui consistait à vouloir piquer quelque chose à l'autre, parce que l'on pensait à tort qu'il conjoignait en lui le pis et la queue, le sens de ce rapport entre un homme et une femme *a priori*.

Mais ce qu'il faut repérer et qui est fondamental, *dans ce qui rend fou chez l'autre, ce n'est pas l'autre comme tel, c'est en soi la modalité de déposition du sens, qu'utilise l'inconscient pour baliser ses voies*[1].

Ce qui n'empêche pas les êtres humains d'avoir envie d'aimer. Ils ont une envie folle d'aimer, mais confrontés à l'autre, à ces enjeux psychiques qui pour les faire jouir ne se dérobent pas moins sous leurs pieds, font résistance et les font fuir sur autre chose.

Faire l'amour n'a rien d'évident, la plupart des individus préfèrent fantasmer, se masturber, que se heurter à la rencontre réelle des corps.

Ils préfèrent habiller la sexualité de leur fantasme, plutôt que l'autre soit témoin de leur jouissance sexuelle, dont le propre est de les dénuder momentanément de la conscience, et de les surprendre en flagrant délit de non-savoir. Et c'est à cela que le fantasme sexuel pervers tente de parer, à l'insupportable de cette non-maîtrise : par quoi *il la prend au mot.* La tentative de *dominer* l'autre, ou *d'être dominé* par l'autre n'étant qu'une tentative de faire écran à son propre manque, à son impossibilité à dominer par la pensée son corps en totalité, ce que manifeste de façon paradigmatique la jouissance sexuelle.

Aussi ce qu'il faut noter, c'est que l'effet réflexif de cette impossibilité, qui se traduit par le désir de dominer ou d'être dominé, est lié à ce que dans le rapport à nous-mêmes, il y a de l'*objet.* Ce qui fait qu'il y a de l'objet, c'est d'abord les mots, ces mots inconscients qui vous font choir aux pieds d'un autre, alors que ce n'était qu'au pied de votre lettre que vous tombiez, mais, au-delà, ce qui vous met en position d'objet, c'est votre corps et, dans votre corps, l'existence de la *jouissance sexuelle.*

Votre corps, vous le véhiculez, vous le transportez, mais bien que vous soyez lié à lui, que vous sachiez qu'il mourra un jour, et qu'il vous emportera avec lui, il manque à votre conscience, il manque à votre raison. *Mais le corps ne fait problème en dernière analyse que parce que dans l'inconscient il est confondu avec les mots*, parce que l'on croit que les mots ont le pouvoir de surmonter, de maîtriser, totalement la jouissance, notamment ce rapport entre la chair et le verbe. Là où ce rapport s'éclaire comme la limite de la conscience, jusque dans l'inconscient.

Que l'on soit homme ou femme, aucun signifiant ne parvient à sceller son identité, contrairement à ce que l'on croyait au départ, et parce que le propre du signifiant, c'est de connoter en leurre, de l'inconscient et comme autre, un pouvoir illimité de recel.

Or c'est de ce manque, que constitue l'identité sexuée, que découle la prégnance des fantasmes homosexuels.

Ceci dit, point n'est besoin de pénétrer dans l'esprit humain pour se rendre compte que la jalousie si fréquente dans les couples n'a de cesse de pousser son partenaire dans les bras d'une personne de son sexe, dans les bras d'un autre idéal derrière lequel l'un des deux demande à s'éclipser.

L'HOMOSEXUALITÉ FANTASMATIQUE

Un homme a peur d'être homosexuel ; au-delà de sa jalousie, son problème est que voir un homme en érection le fait bander, et que de plus il a besoin d'imaginer un homme de son choix en érection, devant lequel des femmes se pâment, pour jouir avec sa propre femme.

Outre le fait que cette « homosexualité » était liée à plusieurs chaînes de mots, inconscientes, entre autres à la confusion entre voir et savoir, sa culpabilité, coextensive à la jouissance intense qu'il éprouve à cette vue, régresse lorsqu'il s'aperçoit que ce n'était pas le pénis en tant que tel qui le faisait bander, mais le désir d'avoir le *mot-queue*, qui lui permettrait enfin de se *moquer* de tout...

C'est dire que le sens qui apparaît au centre de ce désir sexuel n'a en fin de compte rien à voir avec le sexuel, avec la référence au corps ; bien différemment, c'est par le sexe que la lettre inconsciente circonscrit à la fois la question de *l'être* et *l'impossible* de son enjeu, en terme de toute-puissance.

Mais il y a plus à extraire de ce morceau d'analyse. Il met en évidence que le ressort de la jouissance passe par l'ignorance de ce qui attire. *C'est le mot que le sujet n'a pas entendu qui attire le sujet comme un objet vers ce qui le happe visuellement.* Et c'est dans ce jeu duplice où le sujet est coincé entre la cause apparente et la cause sous-jacente que surgissent la magie de l'attraction, le désir de jouissance.

C'est précisément parce que le déclenchement de la pulsion sexuelle est lié dans l'inconscient à *un autre sens* que celui qui visait le corps, c'est en tant qu'il se réfère à une relation à l'autre, où l'enjeu s'éclaire comme un enjeu de maîtrise, qu'entendre ce qui se joue d'autre dans cette attraction dénouera en quoi cette attraction était par essence *répulsive. L'écoute remettra à niveau cette jouissance, qui n'est fantasmatiquement basse que parce qu'elle ne collait pas avec l'idéal d'amour qui en conscience la sous-tend.*

Je veux dire que c'est précisément au moment où les enjeux mêlés dans le sexuel se désintriquent, que le sexuel, comme l'amour, se lavera de ces enjeux sadomasochistes. La jouissance sexuelle se révélant en dernière analyse un pont sans autre sens que de plaisir entre la chair et le verbe, ce que, par le verbe, l'inconscient tentait répétitivement d'unifier, en homogénéisant deux références, celles de la pensée et du corps dans le mot, sans succès, aux dépens du sujet. En ceci que là où le sujet voudrait maîtriser l'autre, se jouer de l'autre honteusement, il se retrouve inéluctablement seul avec un mécanisme inconscient dont il est le jouet.

C'est dire encore qu'en examinant de plus près le ressort de cette homosexualité fantasmatique, il s'avère que se supporter pour jouir d'un idéal de son sexe, en se jouant de son ignorance (il ne sait pas que l'on puisse en jouir fantasmatiquement), pour transgresser l'interdit, l'idéal, qui émane de sa personne, souscrit au désir de faire écran par identification à la question de son identité sexuée où convoque l'autre sexe. Mais au-delà, ce fantasme répond au désir de faire écran à sa propre jouissance, qui échappe, et pour tout être humain, à la maîtrise, en d'autres termes à l'identité.

La différence des sexes

Dans cette perspective, on peut saisir en quoi la différence des sexes est souvent l'argument à l'impossibilité des rapports entre les hommes et les femmes. Une différence dont on peut croire qu'elle contrerait *a priori* tout effort nécessaire à l'édification de la relation amoureuse.

Cependant malgré la différence anatomique, malgré la différence physiologique, qui effectivement les séparent, il n'y a pas de mur entre les hommes et les femmes, cette différence est surmontable.

J'ajoute que l'irréductibilité de cette différence suppose deux identités bien arrêtées. Or cette identité n'existe pas ni du côté de la femme, ce que Lacan mettait très justement en évidence (1), mais non plus du côté de l'homme, ce que Lacan en revanche affirmait sans étayer[2] pour autant son assertion (2).

Être homme, être femme, avoir tel corps, passer par des expériences de *jouissances différentes*, des expériences corporelles qui n'appartiennent qu'à son sexe, n'impliquent aucunement qu'un être puisse être appliqué à cette différence, *parce que son corps on ne peut que l'avoir, on ne peut pas l'être.*

Ce en quoi l'homme et la femme ne peuvent que jouer à l'homme et à la femme s'ils croient que homme et femme subsument un être défini. Être homme, être femme, ne tient en l'espèce qu'à la possibilité d'assumer ce manque, que constitue cette différence jusque dans l'inconscient qui constitue la limite de la conscience.

Mais il y a plus. Le paradoxe de la conceptualisation lacanienne de la différence des sexes se retrouve dans les discours qui selon lui caractériseraient des positions subjectives par rapport à la jouissance ; positions que n'importe qui pourrait emprunter au-delà de l'anatomie.

Cette conception stipule que la jouissance sexuelle, pour ceux qui se situeraient côté homme, souscrirait à une jouissance phallique, autrement dit à une jouissance qui, relevant d'un effet de sens inconscient, cesserait par la fonction de limite immanente à la fonction du père. Par quoi, cette jouissance phallique, régie par l'ordre du signifiant, s'avère celle qu'il ne faudrait pas, en ceci qu'elle ne permet point d'accès à l'autre sexe, au corps et à la jouissance de l'autre.

Ce qui le différencierait du « côté femme » qui, lui, aurait accès à une autre jouissance, expressément celle venant du corps, sans que le sujet puisse néanmoins en savoir quoi que ce soit.

Néanmoins sa conception du discours masculin (1) est dominée par un tour de passe-passe que nous allons examiner.

Quand bien même Lacan avancerait que, côté homme, la jouissance phallique soumet d'ores et déjà le sujet à la castration, en ceci que l'appareillage de la jouissance ne permet pas l'abord de l'autre sexe, quand bien même ce franchissement serait une grande découverte par rapport à Freud, en ceci que Lacan éclaire la limite du sens que dévoile la jouissance sexuelle, sitôt découverte elle se voit occultée. En ceci que cette limite s'avère transférée comme par magie dans la fonction du père, dans le pouvoir absolutiste que Lacan lui suppose à pouvoir arrêter l'effet de sens du signifiant refoulé, et par là même à faire cesser la jouissance.

Or si le signifiant du nom du père [3] avait ce pouvoir d'arrêter le sens, il serait, dans cette perspective, capable de le délivrer. Ce qui nous mène directement au fantasme.

Car que la jouissance sexuelle soit engendrée par l'effet de sens d'un signifiant refoulé, que la jouissance sexuelle soit limitée, n'autorise aucunement à inférer cette fonction d'arrêt au nom du père : *cette limite à la jouissance sexuelle ne relevant que de la limite du pouvoir de recel du signifiant refoulé en question.*

Lacan ne fait que déplacer ici une limite interne, celle du rapport entre la chair et le verbe, en une limite externe, celle du rapport de l'homme à la femme, dont il incorpore le sens, *comme s'il existait*, dans le signifiant du nom du père.

Par quoi, il interpose un mur entre les sexes, là où cette impossibilité, loin d'être externe, relève non d'un mur mais d'un scotome interne pour le psychisme.

Bien que ce fantasme dérive de la croyance à la toute-puissance dont toute sa vie Lacan créditera le nom du père (3), et dans cette veine au pouvoir des mots, il se trouve que cette conception, qui homogénéise, côté homme, le ressort inconscient du désir et son effet corporel de jouissance dans le signifiant, n'a qu'un tort, celui d'alimenter le symptôme, puisque c'est précisément à défaut de cette correspondance, qui serait contenue dans le mot, que par définition dans le symptôme un sujet se laisse tomber pour un quelqu'un.

Pourquoi ces points sont-ils si importants à repérer ?

Tout d'abord en ceci que l'on peut remarquer que là où Freud échoue à séparer l'homme et la femme en terme d'avoir ou pas, par le pouvoir fictif qu'il accorde au pénis (4) sans avoir jamais pu le régler, Lacan, lui, perpétue ce clivage entre les êtres, non plus entre les hommes et les femmes (quoique ?), mais entre la psychose et la névrose par le biais du nom du père auquel il confère le pouvoir exorbitant de fonder un être, qu'en réalité il exclut de la psychose.

Cette balance excluante entre pouvoir du corps, et pouvoir du mot, qui recoupe la querelle psychiatrique entre organiciste et psychiste, peut se résoudre à deux conditions.

En premier lieu, de repérer que ces deux conceptions sont des dérivés du fantasme inconscient, dont l'enjeu de maîtrise se projette ou dans la chair représentée par le pénis (en réalité comme contenant du verbe dernier), ou dans le verbe (comme contenant de la chair). Et ce, d'une part, à partir du mélange de références de sens entre l'esprit et le corps qui se condensent dans les mots refoulés, et d'autre part à partir du lien entre le mot et le corps que trahissent les émotions, d'un côté, et, de l'autre, la jouissance sexuelle.

Néanmoins si cet enjeu est mirage, c'est que ce lien échappe irréductiblement à l'entendement humain d'un point de vue interne. Aucun mot ne peut sceller le sens de ce rapport, et délivrer au sujet la maîtrise qu'il désirait et qu'il imputait vainement à un autre sous lequel il se réfugiait en attente de le voler.

La différence des sexes n'étant que la traduction en terme de manque, côté homme, ou côté femme, de l'impossibilité du mot, identifié au phallus, à combler le trou, la béance que représente le féminin, à savoir le trou que représente le corps, et le sexe pour le sens, et ce qu'il symbolise au-delà du pouvoir créatif de la raison dans sa capacité infinie de redétermination.

Dans cette perspective, à quoi devrait idéalement aboutir une analyse ?

Une analyse revient en dernier terme à décoller le plan du sexe du plan de l'esprit. Car ce n'est que lorsque ces deux niveaux de référence, ces deux trous que figurent pour le signifiant la jouissance et le savoir, s'avéreront décollés, et non illusoirement homogénéisés, que le sujet apprendra à vivre des moments différents dans le plaisir, plaisir de l'amour, plaisir de l'esprit, plaisir du sexe, qui en dernière analyse *sont hétérogènes les uns aux autres* [4].

Or le sexe est un des plaisirs de la vie. Ce n'est pas le plaisir ultime, mais il fait partie des plaisirs qu'il n'y a pas lieu de s'interdire.

Le sexe et l'amour

Ce qui est curieux, c'est que l'on puisse croire qu'un couple qui n'a pas de sexualité est en danger. *Et pourtant ce n'est pas parce qu'il n'a pas de sexualité qu'il est en danger, c'est parce que la relation menace de se distendre qu'il n'a pas de sexualité.*

Mais à quoi bon la sexualité, si l'on s'aime d'un amour tendre, quoi de meilleur qu'un amour familial où les difficultés liées au sexe n'auraient pas leur part ?

En ceci que le sexe fait partie d'une mise à nu, et dans l'amour, le plaisir des corps, de leur rencontre, entre en ligne de compte.

Et quand bien même il se révélerait au décours d'une analyse une coque vide, une fois déshabillé du refoulé qui travestit la jouissance de son attrape métaphysique, quand bien même ce plaisir contrairement au plaisir intellectuel ne changerait rien, contrairement au dire qui seul peut faire changer les choses, ce rien a toute son importance, car il est immanent au fait humain.

Il se trouve que ce plaisir où se mêle l'amour, cette tendresse, qui renoue avec une faillibilité commune, dans le touché d'un corps, enracine l'amour dans quelque chose de vrai, auquel la parole seule n'a pas accès. Ne pas le partager implique un refus d'entamer une position de maîtrise, un refus de reconnaître l'amour dans sa source la plus originelle, le réel fragile mortel qui nous spécifie, ce souffle de vie qui attache à l'autre, sans qui la vie n'a que peu de sens. Ce lit où l'amour se glisse est un tremplin hors sens, un tremplin de plaisir blanc où, par la tendresse, le trou commun qu'est la jouissance sexuelle pour la conscience se partage, en enjoignant deux individus à désirer se parler.

Aussi si la jouissance sexuelle nous coince par rapport à l'autre, c'est que loin d'être égoïste comme parfois elle le souhaiterait, elle demeure *individuelle. Le nœud, c'est que l'on voudrait faire jouir l'autre, ou que l'autre nous fasse jouir, on tente de s'accrocher désespérément à l'autre pour jouir ; mais en dernière analyse, on se retrouve inéluctablement seul avec une jouissance qui nous reste entre les mains.*

Et toutes les platitudes psychanalytiques sur l'énigme de la jouissance féminine sont là pour témoigner que le problème de la jouissance sexuelle, féminine dans son essence, c'est qu'elle échappe à toute ressaisie consciente chez la femme et chez l'homme, par quoi elle rompt de par sa nature la question de l'identité puisqu'elle s'éclaire hétérogène dans son effet corporel à ce qui l'alimente, à savoir le mot refoulé.

Or la dimension sadomasochiste, perverse, qui hante le fantasme, n'est qu'une tentative symptomatique de faire passer dans le registre de la maîtrise de la volonté un phénomène qui échappe au sujet. La jouissance sexuelle qui nous fait, nous sujet, objet de notre corps.

Avec une analyse, l'amour peut changer de mains, en transmuant la relation d'objet où nous conduit l'inconscient en une relation de personne à personne, lorsque l'on se rend compte que l'on peut être sujet d'une relation qui nous dépassait. Cependant il y a une exception à cette transmutation, et cette exception concerne la jouissance sexuelle. L'amour, c'est accepter d'être objet en ce qui concerne ce point-là.

Or c'est peut-être à partir du moment où ce qui revient de cette non-maîtrise dans le couple n'envahit pas le champ du rapport à l'autre pour la colmater, *à partir du moment où le sujet a l'idée que cette jouissance, de par sa nature, non le transcende, mais s'éclaire hétérogène à ce qui la cause, alors cette énigme du sexe qui n'a pas de solution, et de fait n'en est pas une, peut se surmonter dans le rapport à l'autre, et devenir une source de plaisir pacifiée.*

TROISIÈMPE PARTIE

Perspective sur l'amour

CHAPITRE VIII

L'amour en philosophie

Nous avons jusqu'ici questionné l'amour exclusivement sous un angle analytique, mais ce serait une erreur de croire que la conceptualisation analytique s'est créée *ex nihilo*, sur un terrain vierge de toute pensée. Avant elle, il y avait la philosophie.

Aussi allons-nous nous pencher sur la façon dont la philosophie a apporté sa pierre à l'édifice psychanalytique.

Je disais en introduction que la philosophie a ouvert un champ de réflexion beaucoup plus riche et utile à la psychanalyse que la médecine elle-même.

Cependant, curieusement, ce n'est pas précisément sur l'amour que son apport s'est révélé déterminant, mais sur la raison.

En ce qui concerne l'amour, si elle constituait un appui pour la psychanalyse, c'était tout autant comme appui contradictoire que comme source de connaissances directement applicables. Pourquoi ?

Tout d'abord parce que l'amour a été, de tout temps, bien plus le thème de prédilection des romanciers et des poètes que celui des philosophes.

Bien que l'on ne puisse sans doute pas avancer comme Schopenhauer (1) que rien n'ait été dit avant lui sur l'amour, il est sûr que l'amour n'a pas été le problème fondamental sur lequel s'est penchée la philosophie ; probablement parce que, dans l'amour, quelque chose s'oppose à la sagesse, à la tempérance, qu'il s'entoure d'un halo trompeur où les sens ont soudainement plus de poids que la raison, où quelque chose dépasse le sujet en le poussant à agir et à rêver.

Mais, de façon plus profonde, plusieurs points ont fait longtemps obstacle à l'analyse de l'amour en philosophie.

• Tout d'abord la croyance à la possibilité d'identifier l'homme au désir, à la seule volonté, là où l'amour dans son versant de souffrance dévoile qu'il conduit à une absence de désir, et que toute la difficulté en amour consiste à concilier non seulement l'amour et le désir, le désir et la jouissance, mais encore l'amour et la jouissance (dont l'effet est de suspendre momentanément le désir).

Mais pour avoir accès à cette problématique, il aurait fallu reconnaître l'amour non seulement comme quelque chose d'essentiel à l'homme, mais comme quelque chose n'allant pas de soi.

Or la philosophie est partie de l'idée platonicienne que ce qui fonde le désir de l'homme, ou tout au moins des philosophes, c'est l'amour de « la vérité », alors que l'expérience démontre que le désir de savoir n'est que la sublimation du désir d'être aimé, *qu'il ne peut en aucun cas étancher*. Ce qui l'amenait à minimiser le sens que l'amour recouvre et toutes les difficultés qu'il occasionne, à savoir le rapport du sujet à l'autre dans toutes ses dimensions, sexuelle y compris.

Cette dévaluation de l'amour dans son aspect le plus humble était cependant animée par un désir altruiste, car c'était sous le prétexte de l'égoïsme de l'homme, qu'elle reléguait cette face de l'amour au rang de problème mineur. Néanmoins ce prétexte l'aveuglait d'un côté sur la dimension sacrificielle de l'amour, en lui permettant d'un autre bord de se bercer de l'illusion que l'amour du savoir, qui caractériserait les philosophes dignes de ce nom, pouvait être lavé de tout narcissisme, de tout désir d'être aimé.

• En second lieu, cette difficulté à s'intéresser à l'amour dans sa réalité ressort de l'*a priori* de la toute-puissance de la conscience, et de l'idéal de maîtrise de soi qui en découle. En effet cet idéal subsume la possibilité de maîtriser, par un simple vouloir immanent à la conscience, ce que l'amour révèle de pulsionnel en l'homme, et donc que l'esprit contient la possibilité de s'abstraire totalement et de l'autre et de son corps, comme s'il était autosuffisant. Notion à quoi s'append le concept de dieu dont la philosophie, jusqu'à Freud, n'a jamais pu se départir, en raison.

Et même si l'évolution du trajet philosophique depuis le Moyen Âge jusqu'aux temps modernes consistait d'abord à interroger le concept de dieu, à prouver son existence, c'est-à-dire à poser comme certitude ce que l'on croit, puis à examiner quelle est la part de faux dans ce que l'on croit, et enfin à se demander d'où l'on croit ce faux, à savoir quels sont les fondements rationnels de l'irrationnel, il se trouve que cette science de la métaphysique qu'est la philosophie s'est autolimitée par cet idéal, par l'idée que quand bien même le corps et l'âme seraient unis, il devait être possible par la pensée de s'en abstraire sans limite.

Ce qui est intéressant à noter, c'est que c'est précisément ce présupposé qui, en lui interdisant tout accès réel à la problématique de l'amour, coupait court à l'évidement du concept de dieu, c'est-à-dire à une avancée sur la question de la responsabilité humaine, qui en est le corrélat. Or Freud ouvrira la porte que la philosophie avait laissée dans l'ombre, puisqu'en interrogeant l'amour, en commençant à ramener pas à pas son sol divin à la conscience, s'il évidait la magie qui l'entourait, en retour il redonnait à l'être humain quelques clefs des chaînes de la fatalité que cette métaphysique impliquait [1].

• En troisième lieu, la dépréciation des femmes (2), l'annulation de la différence des sexes identifiée à la question de la différence de l'âme et du corps, sous laquelle elle était refoulée (le corps étant censé être subordonné à l'âme, comme les femmes étaient censées être subordonnées aux hommes), ont contribué à annexer l'amour à une question marginale et sans intérêt.

Pour mettre en relief ce contentieux de la philosophie avec l'amour, je partirai de Kant, qui pour constituer un monument de l'histoire de la philosophie, et de l'histoire de la pensée, n'en témoigne pas moins de l'ambivalence de la philosophie à l'égard de l'amour.

Kant : un paradigme du contentieux de la philosophie avec l'amour

Dans *La Critique de la raison pratique* (3), Kant, qui s'intéresse à ce que l'on doit faire (sous-entendu avec l'autre), avance que le plus haut contentement que l'on peut avoir de soi (contentement qu'il distingue par un coup de force de l'amour de soi, et qu'il distingue en outre de la notion de plaisir) dérive de l'obéissance à la loi morale. Une loi morale qui commande l'universalité de la conduite, et par là même la nécessité d'agir avec l'autre comme l'on aurait aimé que l'autre agisse avec soi, d'agir avec l'autre comme une fin, sans jamais s'en servir comme moyen.

Ce qui fait que par le médium de l'impératif catégorique il est conduit à l'extrémité de substituer le devoir à l'amour, sous prétexte que l'amour ne sert que des intérêts égoïstes, qu'il ne vise que le plaisir immédiat, qu'il ne vise par le biais des sens que du particulier et jamais de l'universel.

Il récuse donc l'amour dans les affaires humaines, dans la mesure où le propre de l'amour dans son narcissisme essentiel est de mener à la transgression. Et là est le nœud de sa théorisation.

S'il s'avise, d'un côté, que l'amour dans ses intérêts égoïstes, dans sa propension à transgresser, c'est-à-dire dans son corrélat de haine, est historiquement déterminé pour un sujet, en posant *a priori* cette détermination comme relative (puisqu'elle est effectivement susceptible d'être contrariée par l'obéissance à la loi morale), de l'autre, sa substitution du devoir à l'amour, cette privation d'amour qu'il demande à l'homme, témoigne qu'il croit à l'absolu de la nécessité qui pousse l'homme à transgresser. C'est dire que pour sortir du cercle vicieux de l'obéissance et de la transgression, il est conduit à exclure l'amour des affaires humaines, de peur de son versant de haine.

Ce qu'il faut saisir, c'est qu'il tente de contrer par un coup de force ce pouvoir absolu qu'il infère à son insu à la pente transgressive, en érigeant la loi morale au rang d'un savoir *a priori*, total, divin, inconnaissable, qui commanderait l'universalité de la conduite.

Et s'il met très justement en évidence que cette loi morale est inhérente à tout homme, puisqu'une culpabilité suit toujours une transgression, plusieurs contradictions s'opposent au pouvoir absolutiste qu'il lui confère.

• En effet si cette loi avait le pouvoir qu'il lui prête, on ne voit pas d'une part d'où viendraient les penchants sensibles dont le propre est d'objecter en acte à cette loi morale et d'autre part pourquoi la culpabilité jouerait surtout après coup, et non totalement *a priori* comme il l'avance, ce qui supposerait un lien de ce savoir à la perception, que Kant réfute. Enfin le problème central que découvre l'expérience, c'est que la voie de la transgression elle-même se présente sous la forme d'un impératif catégorique, et d'un impératif de jouissance plus pressant, par moments, que celui qu'il prête à la loi morale.

• Second point, on peut remarquer que si cette loi morale s'instituait comme un savoir *a priori* inconnaissable par l'expérience, castrée de toute perception, on peut se demander d'une part comment le sujet pourrait lui obéir, et d'autre part ce qui peut motiver Kant à présenter ce choix comme quelque chose de positif, comparativement à la voie de la transgression, dont il remarque d'ailleurs lumineusement qu'elle ne laisse que du vide, là où l'on croyait qu'elle aurait pu le remplir.

Or cette présentation comparée témoigne de la vacillation dont Kant fait preuve. Elle suppose en effet que la loi morale ne se présente pas comme un savoir *a priori*, mais un savoir d'après-coup, arrimé à la perception, qui mesure les différentes qualités de plaisir que l'on peut obtenir entre la jouissance immédiate (qui, bien que très forte, ne change pas le sujet en terme de savoir), et la jouissance rationnelle différée qui seule peut changer le sujet et l'aider à surmonter ses difficultés. Or ce lien du savoir à l'expérience, à la perception, que lui-même utilise tout en le rejetant, contredit le pouvoir absolutiste qu'il confère à la loi morale ; ce qui ouvre en retour la possibilité de renouveler en conscience les rapports du sujet à l'amour. Et ce qui va dans le sens de cette contradiction outre la nécessité qui le pousse à comparer ces voies, c'est là encore l'expérience.

Le rapport de l'enfant à l'interdit est enseignant à cet égard ; l'enfant expérimente les choses, ce n'est qu'*a posteriori* en fonction de l'interdit qu'il reçoit et en fonction de son évolution, qu'il intègre ce qu'il peut faire, et ce qu'il ne faut pas faire. Prenons un exemple, l'enfant de deux-trois ans n'a pas intégré la notion de propriété, ce en quoi voler ne veut rien dire pour lui, le lui interdire non plus ; ce n'est que lorsque la notion de propriété prend un sens que l'interdit qui sous-tend le vol prendra toute sa portée.

De plus, d'un simple point de vue historique, l'interdit a évolué au cours du temps, ce qui connote une fluctuation de la morale que Kant ne réfute pas. Néanmoins on ne voit pas comment, à le suivre, cette évolution relèverait du fruit d'une obéissance toujours plus pure, puisqu'on ne sait pas par quel mobile les hommes tendraient de plus en plus à s'y plier. Or c'est face à cette énigme (qui se résoudrait aisément si l'on supposait le lien de la raison à l'expérience) que Kant produit dieu comme hypothèse nécessaire, car il ne croit pas que sans le modèle idéal d'une volonté suprasensible, l'homme puisse se démettre de son aspiration à transgresser. C'est dire encore que, contrairement à ce qu'il avance, il identifie la transgression à une fatale nécessité.

• En troisième lieu, le problème de la liberté et de la responsabilité que propose Kant tient justement à ce qu'elle se réduit à une obéissance. C'est-à-dire qu'elle n'a de la liberté que le nom, puisqu'en proposant de régler le rapport du sujet à l'autre exclusivement dans le registre de l'assujettissement à cette loi (quand bien même cette obéissance serait fondée sur une lutte subjective, une intention morale), nommément à une raison supérieure, inconnaissable, folle, où la raison du sujet n'aurait pas sa part, aucune intériorisation ne saurait être réellement de mise. Et là est l'énorme problème que renouvellera la psychanalyse. Car en introduisant pour le sujet la nécessité de se plier à la loi morale, sans qu'il s'agisse d'amour ni de désir, ni de plaisir, Kant contrarie pour le sujet la possibilité d'être sujet de cet amour, d'être vraiment responsable de son lien à l'autre.

Où resurgit l'automaticité qu'il critiquait ailleurs, lorsque dieu n'était pas intériorisé comme un fait de raison. Où rejaillit la problématique de l'inné là où il voyait dans le choix de la direction transgressive ou rationnelle la totale liberté.

Ainsi la théorie kantienne du rapport à l'autre, qu'il se refuse à nommer par son nom, l'amour, et parce qu'il se voit conduit à l'abolir de peur de ses ratés, pour y substituer le devoir, est soumise à plusieurs impasses.

Il est clair qu'en séparant totalement et artificiellement les penchants conduits par la sensibilité, et la raison pratique dont procède la loi morale, en prônant l'obéissance à cette loi, et le refus conscient des penchants, Kant fraye le chemin qu'empruntera le comportementalisme.

C'est-à-dire le refus de l'inconscient, le refus de la possibilité d'intégrer les raisons qui poussent à la transgression, en misant exclusivement sur la capacité humaine à s'interdire la transgression, à s'interdire ses symptômes par la suggestion. Or le problème de ce rapport à soi et à l'autre, qui conduit au comportementalisme, réside en un point. *Le comportementalisme, c'est ce que n'importe quel sujet fait toujours avec lui-même.* Il se dit non tu ne mangeras pas en excès, non tu ne picoleras pas comme un trou, non tu ne mentiras pas, non tu n'iras pas voir les prostituées, non tu ne tromperas pas ta femme, etc., et plus il se dit non, plus une force obscure le contraint à transgresser son idéal et à se mettre en échec avec lui-même, en se libérant *par à coups de l'interdit qu'il s'imposait.*

C'est-à-dire que le problème du comportementalisme, dont tout sujet use quotidiennement avec lui-même, c'est que non seulement ça ne marche pas, mais encore le poids de la contrainte que le sujet exerce sur lui-même se retourne toujours au bout d'un moment envers lui-même et envers l'autre avec des dégâts.

C'est dire encore que ce savoir *a priori* sur l'amour, inconnaissable selon Kant mais néanmoins impliqué du pouvoir divin impératif de la raison pratique, suppose des conséquences, qui vont précisément à l'encontre de son dessein.

En effet en émettant l'idée d'un choix de voie non forcé entre la transgression (qu'il lie de façon irrémédiable à l'amour) et la raison, il interdit *a priori* la nécessité de s'interroger sur ce qui pousse un sujet à transgresser et sur ce qui organise le rapport de l'amour à la haine, partant il réhabilite le clivage religieux entre les hommes dans le registre des bons et des mauvais, dans la mesure où il ne voit pas de lien entre la transgression et la loi morale autrement qu'en miroir négatif et opposé.

Ce en quoi, je me répète, sa pseudo-liberté retombe sur un innéisme total, puisque la possibilité d'emprise sur soi ne peut du même coup que revenir aux caprices de dieu qui aurait donné ce pouvoir à certains, tandis qu'à d'autre pas. Car quand bien même les « méchants » seraient supposés devenir « bons » on ne voit pas par quel truchement ce changement pourrait s'opérer. *Du même pas, en remettant l'amour entre les mains de dieu, il rétablit sa mystique, alors même que sa tentative de substituer le devoir à l'amour était destinée à la réduire.*

De surcroît, on peut remarquer que l'idéal d'emprise sur soi qu'il préconise, conformément aux anciens, qui se limite en réalité à un dire que non, à une limitation, témoigne qu'il n'envisage le rapport de l'homme à lui-même que dans un rapport sujet/objet, *ce qui va à l'encontre de la maxime universelle qu'il proposait comme modèle.*

Car *se* prendre pour un objet, comme l'implique l'idéal de maîtrise, aboutit inéluctablement à prendre l'autre pour un objet, un moyen, *par quoi cette pseudo-emprise sur soi retourne dans l'ornière qu'il réfutait.*

C'est dire enfin que si toute la puissance de *La Critique de la raison pure* (4) provenait de ce qu'il partait des illusions, des erreurs de la raison qu'il faisait dériver d'une extrapolation logique, pour mettre en évidence l'impossibilité pour tout homme de prouver par un savoir relatif à l'extérieur l'existence de dieu, de remonter concrètement par ce type de savoir du conditionné au tout de la condition, en découvrant la limite universelle de la raison, il mettait tout homme à pied d'égalité face à la création rationnelle, ce qui relativisait l'innéisme du génie scientifique qu'à son insu et contre son gré Descartes engendrait (en identifiant la pensée à l'être et l'être à Dieu), Kant retombe, sur la question de l'amour, dans le travers cartésien.

Puisqu'au lieu de partir des ratés de l'amour, de ses erreurs pour parvenir au fondement de l'illusion de toute-puissance qu'il promet, ce qui du même coup l'aurait conduit à sa limite universelle, il part *a priori* de la toute-puissance de l'amour divin dont l'effet moral est réservé à l'humain, par quoi, en le clivant de ses avatars, il débouche, par cette absence de limite supposée qu'il projette en dieu, *sur l'irresponsabilité, là où il revendiquait une totale liberté*.

Malgré ses paradoxes, Kant est fondamental pour la psychanalyse, puisque Freud sera conduit pratiquement à interroger l'amour conformément à l'abord kantien de la raison, tel qu'il était conçu dans *La Critique de la raison pure*.

Et s'il prépare de façon inédite le terrain psychanalytique, c'est que d'une part il lie la déraison et la raison, là où Descartes interposait un mur entre ces deux pôles, et que d'autre part il déplace radicalement la question de la connaissance de la nature à l'homme lui-même, en mettant l'amour et la morale, le rapport du sujet à lui-même et à l'autre, à la question.

Enfin, parce qu'il n'est pas dupe des contradictions inhérentes à *La Critique de la raison pratique*, il promeut par la voie qu'il frayera dans son *Anthropologie* (5) l'examen des ressorts de la détermination subjective des passions humaines, voie qu'empruntera de façon différente la psychanalyse.

Or tous les philosophes qui lui succéderont seront marqués par son empreinte et par sa réflexion sur l'être humain, qui s'était d'une certaine manière déséquilibrée dans un seul sens (raison —> monde) avec Descartes.

Dont Schopenhauer qui, tout en déclarant qu'il est

le premier à avoir mis l'amour au rang de problème majeur de la philosophie, ne fait que répondre au pas kantien.

Schopenhauer : le renouveau de la question de l'amour

Schopenhauer nous intéresse car il rompt la tradition philosophique, d'une part en promouvant l'amour au rang de problème central de la philosophie, ce en quoi il démontre en filigrane l'impossibilité de l'idéal kantien, en stigmatisant simplement l'immixtion de l'amour (1) dans tous les actes humains, et d'autre part en découvrant l'impact caché du sexuel dans l'amour.

Cependant tout en découvrant pour la première fois de l'histoire des idées la prégnance de la sexualité dans l'amour et notamment dans l'idéalisation de l'autre, il le réduit aussitôt à un artefact au service du sexuel, pour la reproduction de l'espèce.

Sa thèse est que la nature aurait dupé l'égoïsme essentiel de l'homme, en masquant derrière la jouissance intime de l'union sexuelle, son dessein reproductif, ce en quoi elle contraindrait l'homme, par une illusion, à s'effacer devant les générations à venir.

Aussi le problème de sa théorisation réside dans la pseudo-volonté de la nature, où se cache de façon déplacée le concept de dieu. En effet, la nature étant censée faire bien les choses, elle fait office non seulement de légitimité à ce qui est, mais de modèle à ce qui doit être.

Or c'est dans cette exaltation mystique de la volonté naturelle (dont Kant était d'ailleurs imprégné) que Schopenhauer peut dire par exemple que l'homme est infidèle par essence, compte tenu de ses potentialités reproductrices illimitées, à la différence de la femme dont la fidélité serait impardonnable, sa limite biologique reproductive lui conférant de façon innée une personnalité conservatrice. C'est dire que par le biais de sa morale qui se réduit à suivre ce que la nature serait censée vouloir, il réfute toute responsabilité humaine par rapport à l'amour.

Aussi, dire que Schopenhauer rompt la tradition philosophique, comme je l'ai fait plus haut, suppose de mettre en évidence que si pour Kant le vrai amour est ramené à dieu, ce qui fait qu'il ne reste à l'homme que l'obéissance à la loi morale, la rupture de Schopenhauer consiste essentiellement à stigmatiser une métaphysique, une transcendance, *non plus dans la morale elle-même, mais dans l'amour humain*.

Néanmoins dès qu'il découvre cette transcendance, il ne peut céder à la tentation de dévaloriser l'amour. Puisque cette transcendance, sitôt mise en lumière, n'est supposée qu'être déterminée que par le dieu nature. Ce qui fait que l'amour, comme pour ses prédécesseurs, n'est que l'effet d'une duperie, certes bonne, mais d'une duperie tout de même.

Le problème de la philosophie, c'est qu'elle n'a pu constater dans l'amour qu'un versant individualiste et quand bien même certains à sa suite l'auraient revalorisé (Hegel, Nietzsche) par des voies et pour des raisons différentes, elle n'a jamais pu entamer, comme le fera la psychanalyse, le fondement rationnel de sa dimension métaphysique et, dans cette droite ligne, la relation étroite que le sacrifice entretient avec l'amour. Cependant j'insiste, le seul fait d'avoir mis l'amour à la question, d'avoir révélé l'impact caché du sexuel dans l'amour, de l'ériger au rang de problème crucial de la philosophie, est un grand franchissement.

Quelques aspects historiques de l'évolution de la question de l'amour en philosophie jusqu'à Freud

Aussi pouvons-nous nous interroger sur les raisons de cette longue annexion de l'amour au seul rang de symptôme jusqu'au XIXe siècle. On peut faire correspondre cette mise à l'écart, ce refoulement de la question de l'amour, à l'avènement de la science.

Pour saisir les coordonnées de ce refoulement, il faut savoir que dans l'antiquité grecque, et notamment avec Platon (6), la question de l'amour subit un renouveau. Platon ne se borne plus à diviniser l'amour, et à établir une morale, qui jugerait arbitrairement ce qui est bien et ce qui serait mal, il va au-delà des préjugés et se demande : qu'est-ce que l'amour ?

Il découvre que l'amour est concomitant d'un manque et par là à l'origine d'un désir.

L'amour selon lui tient le milieu entre la ressource et la pauvreté. En vertu de cette position médiane qui ne fait de lui ni un homme, ni un dieu, animé par le désir d'immortalité, ce démon de l'amour est susceptible de transformer ce manque en savoir. Par quoi, en filigrane, l'amour se voit identifié, dans son pouvoir de liaison, à la raison qui enfante et qui crée.

Quand bien même cette conception de l'amour resterait fascinée par le désir de s'abstraire de l'autre et du sexe, ce qui plonge dans l'oubli le réel de cette question, néanmoins, et dans le contexte, Platon offre une perspective novatrice, tant dans son abord du sujet, que dans sa conceptualisation.

Coextensivement à l'avènement de la religion catholique, dont l'impact fut si fort en Occident, au point qu'au Moyen Âge, par exemple, ne pas croire en Dieu était quasiment impensable, si fort au point que la philosophie a dû se masquer sous la théologie dont elle prenait le visage, l'amour identifié au Christ connaît un regain d'intérêt, il est exalté, et projeté au centre des débats théologico-philosophiques.

Mais ce dieu amour, c'est l'illusion de l'identité, entre l'homme et l'homme, l'homme et la nature, dieu et l'homme : et le médium de cette illusion, c'est le verbe.

Aussi la nature fonctionne-t-elle au Moyen Âge comme le miroir de l'être (7) (8), la clef de la création divine semble à portée de main, recelée dans les mots qu'il fallait seulement tenter de déchiffrer, pour capter le sens dernier de cette harmonie qui à travers le dieu fait homme se dessinait.

Avec l'extension des traductions d'Aristote, cette interrogation commençait à se rationaliser, cependant elle était grevée par la croyance dominante à cette époque, *par l'idée que le secret de la création divine était recelé dans la lettre biblique qu'il suffisait de lire, de déchiffrer pour accéder au dernier mot de cette alchimie secrète*.

Or lorsque la science physique fait irruption dans le monde avec Copernic, et surtout Galilée (9), brutalement le monde se désenchante pour reprendre une expression de Max Weber. Brutalement on s'aperçoit que ce que l'on pensait savoir avec certitude du rapport de l'homme à la nature était de l'ordre de la *croyance*. On s'aperçoit que l'on rêvait, que ce n'était ni en écoutant la magie des mots, ni en prenant la Bible au pied de la lettre, que l'on pouvait savoir quelque chose sur le monde qui nous environnait. On s'aperçoit qu'il fallait revenir à une réalité *que l'on ne connaissait pas*.

C'est le rêve de la référence littérale, d'une simple lecture du monde à la lettre sans intermédiaire de la raison, qui s'effondre, puisque soudainement l'homme se rend compte que *tout n'était déjà pas écrit dans le livre sacré et qu'il ne savait pas. Simplement il croyait savoir*. Tandis qu'à côté de cela commence à se frayer, par l'exemple de Galilée, le souffle de la possibilité de trouver, de découvrir par la raison ce que l'on ne savait pas.

Et c'est face à cet abîme d'un monde imaginaire qui s'écroule (en creux duquel se dévoile le mensonge de cet amour divin), que répond le doute cartésien (10). Descartes doute pour savoir à quelle certitude il peut se référer de façon à distinguer le faux du vrai, *ce que l'on croit de ce que l'on sait*.

Son franchissement consiste à tirer les conséquences

de l'avènement de la science, à s'apercevoir qu'il n'y a pas à croire les livres, que tout n'est pas déjà écrit, que la certitude ne réside pas à l'extérieur de soi, ni dans les livres, ni dans les mots, mais à *l'intérieur*, dans la *pensée*. Une pensée qu'il identifie à l'être, et un être qu'il identifie à dieu, pour tenter d'assurer son pouvoir.

Mais s'il ne s'agit plus d'amour (et il introduit de ce fait une rupture avec les Anciens), mais d'une abstraction radicale de la question de l'amour refoulée sous la question de l'être elle-même, suturée dans les mains de dieu, c'est que l'urgence d'une prise sur la nature s'impose. Contrairement aux théologiens qui imaginaient cet amour divin, cette identité de la création comprise dans la lettre sacrée, contrairement aux théologiens qui croyaient qu'en interprétant le Livre ils parviendraient à comprendre le sens ultime de l'être et de la nature, le tournant cartésien consiste à séparer l'esprit du corps qui était auparavant homogénéisé dans le verbe, en refoulant dieu (qui représente ce rapport) dans la mémoire humaine, c'est-à-dire en *intériorisant* dans l'homme ce savoir supposé absolu.

Par quoi en purifiant la lettre de son pouvoir sacré, il introduisait la possibilité d'une saisie du réel par le sens dans la pensée, et non plus par les mots.

En vertu de quoi, il redonnait à l'esprit une liberté de penser, que la lettre sacrée lui avait ravie.

C'est dire que si d'un côté le pas cartésien est une formidable avancée, en ceci qu'il ouvre une voie royale à la science, en réconciliant la science et la religion, en montrant à l'homme qu'il est possible de savoir, de connaître le fonctionnement de la nature par lui-même, d'un autre bord, il déplace la métaphysique chrétienne de l'amour à la pensée.

Puisqu'il croit qu'en obtenant ce savoir relatif à l'extérieur, il obtiendra le sens ultime de la question de l'être, et donc de dieu. Ce en quoi d'ailleurs il esquisse l'idéal qui préside à la démarche scientifique.

Or cette suture trop rapide, cette homogénéisation persistante du rapport de l'homme au monde au rapport de l'esprit au corps, sera l'amorce d'un courant contradictoire, que remonteront Locke, Leibniz, Hume, et l'on se demandera à sa suite qu'est-ce que l'entendement humain, qu'est-ce que la pensée, en s'apercevant que Descartes avait trop rapidement fermé la question en identifiant la pensée à l'être, puis l'être à dieu.

C'est dans cette veine que Kant introduira un tournant considérable dans l'histoire de la philosophie en montrant que le savoir relatif à l'extérieur ne donnera pas un savoir sur l'être de l'homme, et, donc, que le rapport de l'homme au monde n'est pas identifiable au rapport de l'homme à lui-même.

Aussi, si d'un côté il montre l'aspect illusoire de l'idéal cartésien en dénouant le mécanisme rationnel de cette illusion, l'enracinement de cette croyance fausse dans la raison, ce en quoi il ruine l'espoir métaphysique qui préexistait à la science, d'un autre bord, il déplace la question métaphysique dans les rapports de l'homme à lui-même, expressément dans son versant moral.

Son pas consiste à recentrer la philosophie sur l'homme lui-même, sur le connais-toi toi-même, d'où le retour sur la philosophie grecque qu'il ouvrira pour ses successeurs.

Cependant en tentant d'asseoir l'idéal de maîtrise de soi, qui en filigrane n'avait jamais cessé de présider à la philosophie (quand bien même avec Descartes, et corrélativement à l'avènement de la science, à l'urgence qu'elle imposait à la pensée, cette question avait été momentanément mise en suspens), *à son insu Kant se heurte aux contradictions qui le régissent.* Je veux dire qu'en abolissant l'amour, en montrant qu'il est nécessaire d'abolir l'amour et de le remplacer par le devoir, pour que la maîtrise de soi ait quelque chance d'aboutir, c'est-à-dire *en poussant réellement dans ses conséquences cet idéal, à son insu il fait la démonstration et de son impossibilité et de son aporie.*

En érigeant cet individualisme ascétique en modèle divin, Kant nie non seulement le rapport à l'autre, le plaisir que l'on peut avoir avec lui, la source de découvertes qu'il peut être, mais encore il rejette l'intersubjectivité qui trame de fait les rapports humains.

Or c'est à cette impossibilité criante que répondront la plupart de ses successeurs et que l'amour connaîtra un vent de revalorisation, tandis que, d'un autre bord, c'est à sa suite que le questionnement philosophique se recentrera sur la question de l'être, et que s'amorcera une division entre le conscient et l'inconscient.

Cela afin de mesurer que c'est sur ce terrain des idées, propice à la mise en question de l'amour dans son rapport à la question de l'être, que Freud s'est avancé.

Cependant là où cette revalorisation de l'amour n'était pas suivie en philosophie d'un questionnement de fond, Freud révolutionnait cette interrogation de part en part, en partant de ses ratages et de ses avatars, de la souffrance qu'il occasionne pour pouvoir en guérir. C'est en effet sur la question de l'amour qu'il bâtissait non une sagesse abstraite, trop loin des hommes, mais une thérapeutique fondée sur ce qu'il y a de plus humble, de plus humain dans l'homme.

CHAPITRE IX

Un homme plus une femme égale quoi ?

Cette thérapeutique qu'est la psychanalyse s'est intéressée au sujet, et dans le sujet à l'amour.

L'inédit de cette thérapeutique, c'est que c'est dans le cadre d'une relation spécifique où l'amour entre en jeu par le biais du transfert, que le sujet se mettra à interroger cet amour en partant de ce qui rate, de ce qui fait souffrir, de ce qui fait jouir, de ce que l'on en cache.

C'est dans cette perspective que tout au long de ce livre je n'ai pas parlé du couple, je n'ai parlé que de ce qui faisait obstacle à faire couple.

Je n'ai pas parlé de cette relation comme d'une fusion, comme d'une entité à part entière, parce qu'elle n'est pas possible, parce que cette fusion n'existe pas. On peut croire qu'elle existe, et *a priori* on le croit, mais tous les ratages amoureux dérivent de cette croyance.

C'est d'elle que découle la précarité de l'équilibre amant/aimé : on veut être aimé de quelqu'un que l'on admire, et sitôt aimé on est régulièrement en proie au décalage entre ce que l'on attend, et ce qu'il nous donnera. Parce que cet amour, quel que soit l'alibi, le prétexte que sont ses failles ou les nôtres, ne nous remplacera pas ; l'autre ne nous délivrera pas de notre propre exil et quel qu'il soit.

Ce en quoi j'ai été soumise à ce détour, à repérer ce qui, en soi, résistait à se lier à un autre. Mais c'est vrai que je n'ai pas parlé de vous, cet homme et cette femme qui vivez ensemble, qui faites l'amour, vous qui passez votre temps à vous cacher quelque chose.

Qu'est-ce qu'ils se cachent ces gens qui s'aiment ?

Ce qu'ils se cachent, c'est la haine.

Ce qui fait que très souvent, à l'éviter cette haine, à éviter de la penser, un couple devient un cadre formel où deux célibataires vivent ensemble. Deux célibataires dont l'union n'est que sociale et non plus intime.

D'une certaine manière, cela tient à une facette de l'être humain, on est seul quoi qu'il arrive, mais pas seul absolument, seul au sens où ce que l'être humain peut conquérir de ses propres mains, ce qu'il peut développer en lui, personne ne peut le faire pour lui. Et le sentiment de solitude tient souvent à la difficulté d'assumer cela. Faire un bout de chemin ensemble soulève la nécessité d'être non seulement acteur de son choix, mais acteur de sa vie et non simple passager comme c'est souvent le cas.

L'impossible fusion et la haine

Or la haine qui se cache derrière le voile amoureux ou la pseudo-indifférence, la haine qui fait retour dans les scènes, les tentatives de « violer » l'autre, de pénétrer sa *mauvaise* foi, fait voile à ce que la *mauvaise* foi n'est tributaire que de la *bonne* foi. Le désir de « viol » n'est qu'un voile de plus au fonds commun de la bonne foi qui à être fausse vire à la mauvaise. Car la haine (refoulée quand tout va bien), lors de ces retours, ne fait que projeter chez l'autre, comme sa mauvaise volonté, cette impossibilité de fusion.

J'y insiste donc, c'est l'idée de fusion qui est pathologique, le couple n'a rien de fusionnel. Ce n'est pas parce que l'on est avec quelqu'un que tout est permis sous prétexte qu'il est à soi, or c'est cela que le rejet de cette impossibilité produit.

La forme que revêt le conflit dans ces explosions provient toujours de la peur de la contradiction, et cette peur de la contradiction s'ordonne foncièrement à la peur de la séparation.

Cette série d'inductions symptomatiques, qui conduit à des « enjeux de meurtre », est directement issue de la question de l'identité du couple, à laquelle s'ajuste à tort la question de l'amour.

Un plus un est différent de un, le deux n'est pas une constante mais une relation. Un homme plus une femme, ce sont deux sujets en mouvement dont la stabilité de la relation tient à deux facteurs.

Et d'abord à la capacité de se renouveler, de se redéterminer en fonction des faits dès qu'un nouveau paramètre entre en jeu pour modifier les bases de ce rapport. Or la peur de la séparation n'est rien d'autre que la peur de cette redétermination, comme si le moindre ratage était la prémisse d'un échec fatal. Là où l'expérience montre que ça ne peut pas ne pas boiter. D'où la nécessité de créer en amour. Et cette création passe par la parole.

Parler en amour

À cet égard, la psychanalyse a appris aux gens qu'il fallait parler pour que l'amour se nourrisse. Mais parler de quoi ?

Je retourne à mon voile qui est l'anagramme de viol en français : ordinairement la parole sert d'abri aux arrière-pensées, à faire croire quelque chose à l'autre, à cacher ses manques, ou à les extrémiser pour que l'autre les voie et qu'il les porte. Dans tous les cas, les coordonnées de ce manque sont difficilement assumées. Aussi parler en amour veut dire parler de ce qui rate, pour trouver des solutions qui conviennent aux deux, parler de ce que l'on ressent sans avoir peur de faire mal à l'autre. Parler honnêtement et non faux pour soi-disant protéger l'autre, car le truc curieux, c'est que la farce que l'on veut faire gober à l'autre, on en est farci, on y croit. Et au bout d'un moment, cette croyance se retournera contre soi.

Aussi, en avant-propos, je parlais de croyance, c'est de cela qu'il s'agit en amour. Il y a deux formes de croyance.

Il y a ceux qui croient qu'ils ne croient en rien : ce sont ceux qui se réduisent à l'attente, car ce n'est que de l'autre, de son amour, qu'ils attendent le tout, et pas d'eux-mêmes. Lorsqu'ils disent qu'ils ne croient en rien, cela veut dire non pas qu'ils ne croient pas en l'autre, mais qu'ils croient tellement en un autre qu'ils fuient la relation dès qu'ils sont déçus.

Il y a ceux qui n'ont pas peur de l'amour, ce sont ceux qui croient en eux et pour qui l'amour n'a pas d'importance. Ce sont ceux qui croient au savoir et qui dévalorisent l'amour, qui attendent tout du savoir extérieur à eux-mêmes et méprisent l'amour.

Dans les deux cas, attendre tout de l'amour (de l'autre) ou tout du savoir (de l'autre), il y a méprise. Ni ce savoir ni cet amour ne résoudront la question de leur être. Aussi quel que soit son rapport au réel, c'est la croyance qu'il faut évider pour accéder à un savoir intériorisé sur l'amour. Il n'y a du tout ni dans l'un, ni dans l'autre, l'un n'étant pas exclusif de l'autre, et l'autre n'étant pas exclusif de l'un, l'un ne permettant pas de récupérer l'autre par la bande, l'autre ne permettant pas de récupérer l'un.

Cependant, à y regarder de plus près, le fait même de penser implique de la croyance. Lorsque l'on pense, on croit à quelque chose. La pensée implique de la croyance, parce que dans le savoir sur le réel auquel on peut accéder, il manque toujours des maillons. La terre du savoir absolu qui nous permettrait d'être, sans avoir à chercher, procède de la fiction.

Néanmoins une boussole peut nous guider en nous indiquant que l'on est dans le faux : le corps.

Lorsque quelqu'un nous dit quelque chose de « vrai », qu'on ne savait pas ou qu'on avait refoulé : on est affecté. Lorsque l'on fait quelque chose qui ne nous plaît pas, contraire à notre éthique : on se sent mal à l'aise.

C'est en ce sens que l'on voudrait s'abstraire de son corps, on voudrait s'en abstraire, le réduire, l'oublier car il est l'indice que l'on était à côté. La peur de ses désirs, la peur de la parole, et même la peur de prendre du plaisir sont liées à la peur de se tromper, d'être surpris en flagrant délit d'ignorance. Car on croit que si on ne sait pas, un autre sait, qu'il détient le dernier mot capable d'épingler définitivement notre manque.

Dans cette perspective, créer est difficile ; lorsque l'on trouve quelque chose de nouveau, on culpabilise, on croit que créer, c'est tuer ; or on ne tue personne, personne ne savait déjà le tout. Le savoir ne s'incarne pas en un quelqu'un, c'est toujours à tort qu'il est considéré comme totalement acquis. C'est dire que cette confusion commune entre savoir, être et meurtre, tient au pouvoir des mots, parce qu'ils sont refoulés par lettre, d'où les effets illusoires qu'ils produisent en conscience : ou le sentiment d'une fatalité, d'un destin déjà écrit ou la croyance que l'on peut tuer l'autre en lui envoyant comme par lettre ses quatre vérités.

Le mot qui tue, le dernier mot, le fin mot, nommément l'illusion par laquelle tient *le pouvoir de la haine* qu'on appelle fallacieusement le pouvoir de l'amour. Car l'amour n'a pas de pouvoir, il est par nature ce qui rompt la logique du pouvoir, à condition de distinguer de la haine.

Il est frappant que la haine soit tellement occultée dans les rapports humains, ; la haine, on passe son temps à ne pas la voir, à la confondre avec l'amour, dès qu'elle se masque sous une parole qui vise un manque du sujet.

On culpabilise à l'égard de quelqu'un s'il nous renvoie à quelque chose de « vrai » : quelque chose qui nous infériorise (car ce n'est qu'à cela que l'on croit, on ne croit pas à ses « qualités », on ne croit qu'à ses « manques »).

Mais il y a plus, la haine a ceci de particulier, c'est que l'on en jouisse.

La haine de l'autre, on peut en jouir selon deux modes. Sur le mode masochiste, le sujet prend la haine de l'autre, une parole négative, dans ses conséquences en caricaturant son effet au point de se faire mal, et cela pour donner à voir à l'autre la souffrance qu'occasionnent ses dires.

Or en prenant la faute de l'autre sur ses épaules comme si c'était la sienne, en usurpant la place de l'autre que dans ce tour le sujet abolit, en portant négativement, comme la toute-puissance de l'amour, la haine de l'autre que le sujet retourne contre lui, il occulte et la haine de l'autre et sa propre haine contre l'autre. Or cette utilisation de la haine pour la transmuer en amour fonctionne *à faire cesser la pensée*, à faire écran au fait que la haine est demande d'amour, qu'elle ne part pas du plus haut mais du plus bas, qu'elle est demande de rapprochement, et que cette réponse du sujet est lâcheté car elle ne répond pas à l'autre, elle exécute le désir de l'autre, comme s'il n'était pas équivoque en s'en faisant objet.

Sur le mode sadique, la haine de l'autre devient le prétexte à se séparer de lui, afin d'usurper, en tentant de le coincer dans son manque, la toute-puissance que le sujet lui prête. Dans les deux cas, le fantasme est un fantasme de séparation, mais *à défaut de la fusion absolue, de l'amour absolu, que de l'autre on attendait au départ.*

Ce qui n'est pas entamé dans ce tour, c'est d'où procède cette adhésion au non-amour sur le mode masochiste, et à la haine sur le mode sadique.

Cela tient au fait que *l'on ne supporte pas l'amour*, on tente de le fuir dès qu'il est là, on provoque la haine et l'indifférence parce que l'on *croit qu'on ne le mérite pas*. En ceci qu'inconsciemment on culpabilise d'*exister*, inconsciemment on culpabilise d'*être là*. Cependant, au-delà de cette culpabilité d'existence, se glisse derrière cette hypothétique « faute originelle » une culpabilité œdipienne ; culpabilité à l'égard de la mère, d'aimer le père et de le désirer si l'on est une fille, culpabilité à l'égard du père, d'aimer et de désirer la mère si l'on est un garçon.

Il y a une culpabilité historique à aimer et à désirer le représentant de l'autre sexe en ceci qu'il renvoie au défaut, transmué imaginairement en faute, de l'identité sexuée.

C'est sur le plan de la différence des sexes, de ce qu'elle représente pour la conscience, que se greffe une partie des difficultés à faire couple, à nouer des relations durables entre un homme et une femme.

Un homme et une femme = quoi ? Je n'ai pas répondu par une définition que pourtant, tout au long de ce livre, ce titre appelait. Tout simplement parce que cette relation, relevant d'une édification à vie, ne peut se définir, son sens ne peut être arrêté *a priori*, il relève des deux partenaires qui ne peuvent que choisir à deux non seulement le chemin qu'ils empruntent mais le paysage dont ils s'entourent.

Ce qui n'empêche pas la réponse d'être contenue dans la question, un homme plus une femme, cela pourrait produire du plus, à savoir du plaisir.

Ce qui m'amène au second facteur nécessaire à la construction d'une vie de couple.

Accepter le plaisir

La plupart des gens s'interdisent le plaisir dès qu'il est permis. Il est plus facile de prendre du plaisir dans la transgression, c'est-à-dire de voler son plaisir en se cachant derrière quelqu'un représentant l'interdit, que de s'autoriser cette ouverture, cette suspension pour profiter des moments où l'on est ensemble sans se réfugier contre quelqu'un supposé l'interdire.

Mais lorsque l'on parle de plaisir, on est tout de suite ramené à la sexualité.

Comme pour les plaisirs de l'esprit, plus la sexualité est transgressive, plus elle est source de jouissance. Il n'y a qu'à voir les adolescents, plus c'est dans le dos de leurs parents, plus c'est bon. Plus c'est coupable, plus ça fait jouir. Ceci étant dit, ce que la psychanalyse découvre, c'est que pour l'adulte ultérieurement c'est la même chose.

La sexualité procède d'un ressort infantile, autrement dit d'une source de plaisir échappant pour une part à la volonté. Or cette dimension transgressive est source de culpabilité. Pourquoi ? Parce que derrière ce désir de se cacher d'un père pour faire l'amour, il y a l'idée que le père sait, qu'il incarne un savoir sur le sexe, que lui est totalement père de sa sexualité, et que ce reste émanant du corps est pour lui surmonté. *Mais derrière cet interdit que représente le père, il n'y a qu'un vide que la psychanalyse met au jour.*

Tout être humain est par rapport au sexe, comme à la mort, confronté à l'inadéquation du langage au corps. Et si pour l'homme le pénis devait faire rapport parfait à un trou, ce n'est pas en tant que tel, c'est en tant qu'il représente le dernier mot, et que le trou, c'est déjà ce qui stigmatise un reste invisible du corps [1].

À partir du moment où le sujet circonscrit à partir de ses rapports à l'autre les coordonnées de son manque, qu'il repérera comme universel, commun à tout homme, son manque ne lui reviendra plus de l'autre de façon engloutissante, et le rapport sexuel sera désintriqué de la nécessité qui le poussait à faire passer la jouissance de l'autre avant la sienne. *Il apprendra à s'occuper aussi de son plaisir, car il ne fera plus du sexuel, en particulier, et de la jouissance de l'autre, en général, un enjeu narcissique, autrement dit un moyen de pallier, par l'autre, ses manques.*

Au dernier terme, si l'être humain s'interdit le plaisir, c'est pour cette identité sexuée mythique, et les idéaux dont elle s'habille. Il adhère malgré lui à ces idéaux, parce qu'ils dérivent de sens retenus dans des mots refoulés.

Ces mots qui à retenir du sens emprisonnent les êtres dans des murs qui ne sont pas en dehors d'eux, mais en eux.

Des murs qu'ils peuvent choisir de faire tomber en analysant le ressort du paradoxe qui surgit régulièrement au cœur de la souffrance psychique, et en entendant le sens que ces mots inconscients comprenaient.

Car ce n'est pas que « le langage apporte quelque chose d'impossible au rapport sexuel » (1), c'est que le langage induit chez l'homme croyance en l'identité sexuée. Il introduit avec lui la tromperie et l'erreur, qui se transmettent de génération en génération, cette métaphysique de l'identité dont les mots refoulés sont les trompe-l'œil, et le corps la surface où brille l'appât masquant l'autre référence qu'il s'agit d'apprivoiser : à savoir la pensée.

En effet loin de fixer deux identités sexuées, le sens qu'emprisonnent ces mots inconscients sur l'homme et sur la femme se résume à des positions subjectives, auxquelles l'homme face à une femme, et la femme face à un homme, se croient devoir coller comme des êtres arrêtés, aboutis.

Un mâle se croit devoir être un mâle, une femme un objet de désir, quelque chose les tire vers ces positions, et aussitôt les font fuir, car leur pensée, à laquelle le sexe ne sert que de prétexte à métaphoriser ces fonctions, procède d'un côté masculin qui figure la possibilité de lire, de relier la perception au savoir acquis, et d'un côté féminin qui symbolise la perception du réel externe et interne en offrant à la raison la possibilité de la contradiction et de la création. *Dont les fonctions ne sont pas concurrentes, mais procèdent d'une alternance sans fin sans que l'un puisse réduire l'autre, ni l'autre réduire l'un.*

Le duel, la guerre des sexes, la haine de l'autre sexe, ne sont que les projecteurs braqués sur l'autre pour le distraire de sa propre culpabilité, à n'être pas la toute-puissance dont on investit son identité sexuée, en tant qu'elle est supposée contenir les *deux sexes*.

Alors, le plus de l'homme et de la femme, le plus de plaisir qu'ils pourraient éprouver, à quoi tient-il donc ?

À l'usage de cette différence, qu'est non l'identité, mais, au-delà, ce qu'elle reflète de sa propre différence, de l'inconnu qui est en nous et de l'inconnu qu'est l'autre.

Ce plus est possible à la condition de savoir que ce que veut l'être humain, c'est de l'amour, et rien d'autre, et que la haine n'est qu'un phare destiné à faire écran à cette détresse humaine, à ce fait d'être humain, mortel, de chair et d'os, d'avoir été projeté dans le monde sans avoir donné son avis, d'être déterminé avant même de commencer à savoir ce qui nous détermine, d'avoir une pensée, un corps, un sexe, d'être entouré par un univers dont nous ne connaissons pas grand-chose, d'être de passage sur une planète qui s'appelle Terre, de faire un petit tour et de s'en aller.

Cela a de quoi être perturbant, et ça l'est. Mais nous ne sommes pas forcés d'être la marionnette que j'évoquais, et il est possible d'avoir accès à ce qui fait de nous cette marionnette, car ce qui l'agite, c'est au moins l'inconscient. Et, de l'inconscient, j'y insiste, les mots qui prennent tout leur poids à être refoulés, qui produisent par ce qui se réfracte dans l'autre, de leur sens insu, un autre incarné, derrière lequel on se cache de peur d'être surpris en flagrant délit d'une infériorité, imaginaire comme d'ailleurs sa supériorité, dans laquelle on tente vainement de se projeter à ses dépens.

Or en soulageant l'amour de son fardeau de haine, de l'illusion de maîtrise dont il est affligé, en le soulageant de la crainte et du désir de perte radicale qui fondent les mots d'amour et ses lettres mêmes à se refouler, l'être humain pourrait délivrer l'amour de sa sacrificielle fatalité, en retrouvant du fond de lui son originel désir d'aimer.

NOTES

PREMIÈRE PARTIE
L'amour dans ses effets et dans certaines de ses causes

CHAPITRE PREMIER. La psychanalyse : une médecine de l'amour

1. Puisque, avant Freud, l'étiologie des symptômes hystériques était considérée comme celle des symptômes psychotiques, comme n'obéissant qu'à une étiologie organique. Après Freud, le mur du corps, qui était interposé entre la normale et les psychonévroses, n'a fait que se déplacer d'un cran pour s'interposer identique à lui-même entre les névroses et les psychoses.

2. Ce qui signifie que de façon trompeuse, anorganique, spontanée et psychanalytique se voient identifiés.

3. En ce qui concerne le premier point contextuel, rappelons que la perplexité de psychiatres à l'endroit des maladies mentales était essentiellement liée à leur absence de traduction en terme de signes physiques incongruente à leurs aspects aigus ou qui plus est chroniques ; de surcroît, les signes physiques s'ils apparaissaient souscrivaient au titre éclatant d'un désir délirant, ce que dénote de façon paradigmatique la mélancolie. Cette perplexité n'ayant pas prévenu la dérive qui conduisait la psychiatrie à s'en interdire tout accès par la construction de deux monades symétriquement opposées : un piège dans lequel la psychanalyse n'est pas tombée, puisque Freud a, lui, entrevu une possibilité inexplorée de la raison, que révélait, avec la parole, la dimension du désir. Et ce, à partir du seul constat que la maladie mentale autorisait, à savoir l'existence d'une asymétrie du fonctionne-

ment du psychisme au reste du corps. Ce qui n'impliquait pas, comme le subsume encore actuellement la psychiatrie, une immatérialité de cette dite raison. Car en dernière analyse marquons que l'étiologie « organiciste » psychiatrique de la psychose ne se soutient que de l'idée que le délire psychotique se déroberait à tout fondement rationnel, ce qui prouve en retour son adhésion inconsciente et indéfendable à l'idée d'une anorganicité de la raison dans la normale même.

CHAPITRE II. Le paradoxe de l'amour

1. À cet égard, la psychose éclaire de façon paradigmatique les fondements du narcissisme. Contrairement à ce que l'on croit, ce n'est pas que la notion de la perte ne soit pas supposée dans la « psychose », c'est qu'elle est tellement prégnante, le sujet croit tellement à son manque qu'il le couvre en en rendant l'autre totalement responsable.

C'est ça le narcissisme, le narcissisme tient au présupposé de l'exception de son manque et de la complétude de tous les autres.

2. Quand on parle de la passion, on tend souvent à l'entourer d'un halo maladif. Mais ce qui est contradictoire, c'est que non seulement le sujet qui éprouve cette passion ne la ressent pas forcément comme une maladie, mais encore il la décrit souvent comme *la plus belle expérience de sa vie*.

De plus dans « Psychologie des foules et analyse du moi », Freud avance que le propre de la passion, c'est d'abolir le monde et d'appauvrir la libido, tout entière tournée vers l'objet aimé. Or le second paradoxe clinique à quoi nous avons affaire, c'est que l'on entend des sujets qui affirment que dans les moments paroxystiques de leur passion, ils n'ont jamais été aussi *ouverts* sur le monde. Comme si à partir du moment où l'Autre se nommait, tout le reste, les autres, la réalité se démystifiait et devenait abordable, là où auparavant le réel était source d'inhibition. Le sujet prenant une consistance propre du fait de l'élection de cet amour. Ce qui, en enrichissant le narcissisme, ouvre le sujet au monde qui se révèle dans sa nouveauté, à l'origine de plaisir inédit.

La passion est maladie lorsque l'Autre se met à incarner l'idéal d'être auquel le sujet aspire. C'est là qu'elle mène immanquablement à la tragédie, au lieu de virer à l'amour, et en ceci qu'elle est motivée essentiellement par la transmutation de ce que l'on ignore en soi en un savoir de l'Autre déifié pour cela.

Alors que la passion vivante tient à un désir de l'autre, pour l'autre, qui connaît ses limites, qui ne passerait pas par la mort, en ceci que la mort est déjà intériorisée en *soi*. La passion de l'être s'étant déjà transformée en passion du réel.

La vraie passion procède du passage du singulier à l'universel, contrairement à la passion pathologique qui détourne l'universel du manque en un singulier mystique de l'être.

Aussi en un sens, la passion est une dimension de la vie qui se sait marquée par la mort. *Ce en quoi la passion n'est pas le propre de n'importe qui.* Et dans une certaine mesure, c'est une des fonctions de la psychanalyse d'ouvrir au sujet la possibilité de l'éprouver, *en libérant* de façon canalisée sa possibilité créatrice le plus souvent enfouie par le refoulé.

CHAPITRE III. L'amour et la haine

1. Certains analystes insistent sur la nécessité de la haine, sur la fonction d'émulation qu'elle suscite. Cet aspect existe. Mais en même temps la lutte pour la vie peut se penser autrement, la haine jalouse est toujours douloureuse. La haine répond à la haine, à une séparation, à une perte d'amour, la haine répond toujours à une idéalisation de l'autre, la haine est une réponse au manque du sujet qui, pour telle ou telle raison, est mise à nu par l'autre, parfois sans même qu'il fasse rien, simplement pour ce qu'il représente de son propre désir, dont on s'était condamné l'accès.

Elle procède du vœu de marquer l'autre pour se mettre à pied d'égalité avec lui. D'où s'avise qu'elle occulte *a priori* le manque de l'autre, ce que l'agression tente de pallier en rabaissant l'autre sur son corps, car c'est du corps que dérive la notion de faillibilité.

La décentration que propose l'analyse à la haine, c'est un retour sur les liens qu'entretiennent un désir laissé tomber par le sujet et l'incarnation de ce désir comme être suprême que l'autre représente.

J'ajouterai que les manques dévoilés par l'autre pour susciter la haine concernent toujours un manque historique réellement éprouvé du rapport mère/enfant, ou parfois père/enfant, imaginarisé comme possiblement plein, cultivé nostalgiquement comme ce qui aurait pu être le tout.

Or ce rapport, quand bien même il l'aurait été, totalement plein, n'aurait pas comblé l'individu, puisque la subjectivité est interne et singulière, et que personne d'autre que soi ne peut la mobiliser. À partir du moment où le sujet sait qu'il peut utiliser la corde de son désir, sans crainte de perte d'amour et parce que de toute façon aucun autre ne suffirait à le remplir, dès lors que le sujet a conscience de ses limites par rapport à l'amour, alors un autre amour peut s'installer.

2. Car la seule chose qui soit susceptible de fixer une idée, de focaliser la raison sur une idée prise pour la vérité comme un fatal et divin « c'était écrit », comme une destinée malheureuse mais légale, c'est l'effet insu d'une lettre sur la conscience, en tant qu'elle occulte par sa fixation partielle la référence instable, incertaine et réelle qu'est notre propre raison.

CHAPITRE IV. L'enfant

1. La mère symbolise le sens à découvrir, le visible derrière l'invisible, le fond derrière la surface, le corps et la perception : en d'autres termes, l'objet de la pensée. Le père symbolise ce qui lie notamment la parole et les mots.

De façon extensive et fantasmatique, le père représente le meurtre (comme pouvoir meurtrier des mots identifiés à la raison), et la mère représente la mort (comme symbole de ce que la perception peut découvrir comme trou dans le savoir).

2. C'est en quoi, pour que le pouvoir du père consiste, il a fallu inventer le mythe d'un père originaire qui jouirait de toutes

les femmes. Il faut forcément réduire la mère à un objet pour que le père puisse véhiculer le mythe de l'être suprême dont *a priori* il est crédité.

Je note à cet égard que l'impact du mythe du père jouisseur chez l'homme se retrouve cliniquement par l'incontestable prévalence de la perversion masculine par rapport à la perversion féminine. *Car ce à quoi est en proie l'homme spécifiquement, c'est à la nécessité de surmonter la dépendance qu'il a à sa mère pour pouvoir avoir une relation durable et viable avec une femme.* Or il est intéressant de noter que cette difficulté soit telle, que pour faire barrage au pouvoir de capture qu'exerce la mère sur l'homme s'érige, en lieu et place de la question de l'origine, un tel mythe. Le mythe d'un détachement absolu qui ne rattacherait l'homme aux femmes que par le biais de la jouissance sexuelle, ce à quoi se vouera la perversion. À savoir alimenter la demande de l'autre pour faire écran à sa propre demande d'amour qui, elle, se voit écrasée et réduite à un désir sexuel qui serait pur.

La jouissance sexuelle étant conçue idéalement comme le point de butée de l'amour dont le pervers se défend, tant il a peur de lui.

Je veux dire que *ce qui pousse à la perversion chez l'homme, c'est que le fait même de désirer une femme, de l'aimer, révèle par le manque qui fonde ce désir sa propre part de féminin, inadéquate au pouvoir paternel que son identité d'homme lui promettait.*

CHAPITRE V. La séparation

1. Pourtant on pourrait avancer que la dépression réactionnelle de l'homme normal n'a rien à voir avec la mélancolie, que l'une serait une réaction normale (mais que veut dire normal ?) à un événement douloureux, et que l'autre tellement délirante serait, compte tenu de son irrationalité apparente, d'origine purement interne, et je caricature ici la position psychiatrique. Car c'est un fait curieux que la matière dont s'occupe la psychiatrie, à savoir la folie, loin d'être un objet d'intérêt, d'émerveillement, ou au moins d'empathie, ne soit qu'objet d'exclusion.

Au lieu de limiter sa fonction à repérer un symptôme pour tenter d'en circonscrire la cause, la psychiatrie continue à confondre le symptôme et l'être du sujet, elle continue à nommer celui qui est affligé d'un symptôme mélancolique un psychotique, à la différence de la médecine qui a cessé depuis bien longtemps de réduire le sujet à sa maladie.

Néanmoins, le terme de psychotique pourrait prétendre à une quelconque validité s'il désignait et recouvrait un savoir sur les mécanismes en jeu dans cette maladie. Or ce stigmate ne fait que préjuger d'une prétendue fatalité. Préjugé indémontré par lequel la psychiatrie s'autorise à confondre la souffrance, le symptôme et l'être du sujet.

Ce avec quoi Freud a rompu, en étant le premier à avoir commencé à mettre en lumière les ressorts inconscients de cette maladie. Il découvrait que la mélancolie loin d'être déterminée par un facteur purement interne (mauvais gène) était régulièrement occasionnée par la séparation d'avec un être cher, ou par une mort.

C'est-à-dire qu'il repérait un facteur réactionnel à l'origine de la douleur, là où la psychiatrie s'accrochait à la fausseté du délire, pour exclure ses patients de toute raison.

2. C'est en cela que dans la pratique analytique il y a à rétablir la notion d'aide. L'écoute n'est pas simplement une oreille lointaine sans rapport avec le réel de la souffrance. Pour certains patients, il s'agit de les aider vraiment, lorsqu'ils pensent, par exemple, que le délire dont ils sont affligés est fatal. Ou lorsqu'ils croient que la douleur qu'ils ressentent est réellement indépassable. Dans ce cas, les aider relève d'une signification précise, celle de leur montrer que le sens de leurs symptômes avait une orientation radicalement excentrée à ce qu'ils pensaient au départ. Car il est curieux que la douleur morale s'intrique toujours à de la déraison.

Je ne dis pas que cela soit uniquement de l'aide, mais exclure la dimension fraternelle qui s'y joue me paraît artificiel, inadéquat à notre fonction qui se constitue, se fonde sur le devoir de les guérir, de les sortir du pétrin où parfois ils s'embourbent. Et cela implique le désir de soigner, le désir d'aider, d'être là quand il faut, où il faut, et de s'engager. Ce qui ne veut pas dire se mettre à leur place, et souffrir pour eux. Cela veut dire ouvrir le sujet en l'excentrant sur le sens de ses symptômes, immanent à ses dires.

Avec un analysant, on fait un vrai trajet, un trajet qui passe par les turbulences des profondeurs, où se remet en cause ce qui relève du plus intime, du plus refoulé chez lui. Et il est absolument inédit. Il n'a rien à voir avec le trajet que l'on fait avec un conjoint, avec lequel le plus souvent on se repose. La psychanalyse, elle, n'est pas reposante. Cette relation analyste/analysant est une relation très forte, très intense, qui n'est faite pour durer qu'un temps. Ce cheminement en eau profonde lui permettant au bout du compte de savoir cheminer avec l'autre et en dernière analyse de savoir marcher, à la surface de l'eau ...

DEUXIÈME PARTIE
Le sexuel

PRÉAMBULE

1. Lacan a prolongé la découverte de Freud à plusieurs titres. Tout d'abord, en ceci que là où, chez Freud, le pénis et le phallus, malgré la distinction conceptuelle, n'étaient que très peu décollés, et sa dévalorisation des femmes sous le prétexte de l'absence de pénis en est un exemple flagrant, Lacan, lui, décolle de façon plus nette le phallus du pénis, et ce en montrant que dans l'inconscient, au-delà des équivalences que Freud découvrait, fèces, argent, enfant, *versus* pénis, cette équivalence se resserrait, en dernière analyse, dans le symbole du mot. Il découvrait lumineusement que le pénis ne jouait ce pôle prévalent dans l'inconscient que parce qu'il symbolise le pouvoir que l'homme accorde au mot, et qui plus est à l'écrit à sceller le sens de son être.

Secundo, Freud pensait que la castration, c'est-à-dire le refoulement du complexe d'Œdipe, le renoncement à la mère, et à être le phallus, s'effectuait imaginairement par le père, de peur de la perte du pénis, ce en quoi en omettant de se demander d'où provenait cette peur, à quoi au fond elle s'articulait, d'un côté il sauvait la toute-puissance paternelle, tandis que de l'autre, en laissant cette crainte de la perte extérieure au sujet, il ne laissait aucunement la place à la possibilité de l'intérioriser et de la relativiser. Là où Lacan enracinait ce fantasme dans un réel psychique, en s'apercevant que le manque était structural, et que l'imaginaire de la castration inféré au père et reflété par le manque de pénis de la mère n'était que la réfraction symbolique d'un manque psychique, qu'il impute à l'absence d'une lettre inconsciente susceptible d'arrêter le sens du rapport sexuel.

Ce qui permettait d'une part de résoudre l'angoisse de la perte d'un bout de corps, nommément l'angoisse de morcellement concomitante de l'angoisse de castration qui ne saurait être l'apanage de l'homme et encore moins de la psychose, et d'autre part l'envie du pénis qui n'est en aucune façon le propre de la femme, et qui de surcroît, en ce qui la concerne, ne peut être réglée par l'arrivée d'un enfant.

Néanmoins nous verrons ultérieurement qu'une ambiguïté demeure dans cette découverte.

CHAPITRE VI. Quelques aspects du rôle de la sexualité dans la genèse du mental

1. D'ailleurs cette notion de stade, qui pour Freud structurait la forme des névroses ou des psychoses, a donné lieu en ex-Yougoslavie à une utilisation abjecte de la psychanalyse. Or concernant cette utilisation idéologique de la psychanalyse, que cette utilisation soit pour le moins antinomique à sa visée, c'est un euphémisme, néanmoins important à rappeler.

Cependant notre responsabilité de psychanalyste impose que l'on se demande comment la psychanalyse, si contraire à ces buts dévoyés, peut se prêter à une telle utilisation, de telle sorte qu'elle serve à légitimer le crime.

À cet égard, deux notions sont à remettre en cause : d'une part, la classification en structures névrotiques et psychotiques dont la pertinence échoue sur leur pseudo-irréductibilité, en ceci qu'elle donne erratiquement à croire à des différences entre les hommes en termes de plus et de moins. La haine s'engouffrant dans cette brèche théorique pour s'autoriser de la psychanalyse. D'autre part, la notion même de haine originaire, prétendument indestructible, ne fait qu'avaliser la haine alors que l'effectivité analytique même ruine en acte cette hypothèse.

Deuxièmement d'un point de vue politique, le grave dans l'horreur qui s'est déroulée sous nos yeux en ex-Yougoslavie, c'est la lâcheté des démocraties occidentales face à cette barbarie, qui ont trop longtemps laissé faire sous moult prétextes fallacieux. Ce qui prouve que la grande valeur des droits de l'homme est en *péril*, non seulement ailleurs, mais aussi chez *nous*. Alors pourquoi ?

Ce n'est peut-être pas parce qu'il y a moins de confiance. C'est que les repères *hiérarchiques* qui fondaient et *divisaient* la société naguère entre dieu et l'homme, entre les hommes et les femmes, entre les parents et les enfants, entre l'être humain et la nature, entre la conscience et l'inconscient, entre les hommes d'un pays et les autres, sont en train d'exhaler leur dernier soupir. Le leurre qui gonflait ses murs tend à expirer. Car nous sortons peu à peu douloureusement de la grande illusion religieuse qui nous liait avant. Par quoi, ce qui préoccupe l'être humain aujourd'hui, maintenant qu'il commence à relativiser le pouvoir mortifère qu'il inférait à la nature, à l'étranger, à la mère, à l'enfant, à Dieu, au sexe, à l'inconscient, et au corps, *c'est lui-même*. C'est sa liberté nouvelle qui lui fait *peur*, car il se heurte au problème de ce qu'il *désire*. Il n'a pas encore choisi entre la transgression et la création, et parce que *l'amour ne sait pas encore faire avec la fraternité et sans la question de la domination*.

Et c'est en cela que la haine, dont procède la folie... commune, demande à être interrogée dans ses fondements, pour qu'on ne se hâte pas, ces murs, de les reconstruire encore plus haut qu'avant.

Le problème, c'est que si politiquement un État de droit signe, comme l'avance Marcel Gauchet dans son excellent livre *Le Désenchantement du monde*, une sortie de la religion, la pente religieuse de l'homme est loin d'être tarie, la haine et la transgression en relevant étroitement. En effet la haine relève de la transformation d'un homme ou d'une communauté d'hommes en dieu(x) qu'elle veut réduire pour usurper sa place, tandis que la visée de jouissance, la transgression, se cache toujours derrière dieu pour agir.

2. Mais comment se fait-il, d'une part, que cette voie vers l'autonomisation se construise par la bande, inconsciemment ? Et, d'autre part, qu'elle opère à détacher le sujet de ses parents ?

La dimension cachée de ce chemin, dont relève l'inconscient, est significative de la peur qui domine le fantasme inconscient : *la perte d'amour. La crainte et le désir que l'accession du sujet à un savoir sur son être tue l'amour.*

C'est d'ailleurs la possibilité de cette perte qui se surmonte partiellement en se renversant dans le désir d'inceste et de meurtre qui clôturent de façon avortée le fantasme inconscient.

D'un autre côté, le détachement *partiel* du sujet à ses parents est issu de la déposition écrite, refoulée de ce qui constituait leurs rapports, et notamment de ce qui dans leurs rapports fait symptôme, tenait de *l'excès*, de *l'erreur*, et occasionnait par là même de la souffrance dans le prisme de la perte, en terme d'amour ou de savoir, qu'ils impliquaient. Or c'est en vertu de ce que le sens de ce qui faisait souffrir le sujet dans le symptôme parental s'est déposé, en partialisant, en relativisant le trop, en découvrant le versant de manque universel qui causait les symptômes parentaux, que le symptôme s'intériorisera singulièrement avec les mots du sujet par le refoulement ; ce qui produira dès lors une possibilité de détachement et la possibilité d'investissement d'autres objets d'amour, néanmoins modélisés intimement sur les repères que forment les membres de la famille.

En effet le propre du trajet inconscient est de partir du présupposé du manque du sujet, et de la toute-puissance de ces autres parentaux et familiaux auxquels le sujet se soumet, pour abstraire pas à pas le ressort de cette ascendance, en interrogeant le leurre qui présidait à cette croyance. L'abstraction et l'introjection de ces repères que sont les membres de la famille se faisant expressément à partir de leurs *prénoms* qui joueront un rôle métaphorique, en couvrant d'autres réseaux d'interrogation.

Les personnes sont morcelées dans le fantasme, comme des symboles, modélisées sur leurs prénoms qui connoteront, dans leur versant équivoque, des enjeux de la raison, des façons de s'orienter dans le réel. Par exemple Solange devient l'ange et l'enjeu, Denis deviendra deux nids et déni, André deviendra me-andré (moi-andré) et méandre.

Chaque personne de la famille dans le fantasme symbolisera le sens de possibilité de la raison dans ses rapports aux réels, en tant qu'en dernière analyse dans sa fonction de lecture, c'est la raison qui lie à l'autre, qui attache à l'autre, et conditionne l'amour dans sa dimension d'incomplétude.

CHAPITRE VII. Le sexe, l'amour et l'interdit

1. À cet égard, certains hommes se sentent contraints d'aller voir des prostituées. Cela joue comme une transgression, parce que cela s'inscrit dans la dimension du caché et de la honte. Mais ce qui joue en allant voir des putains dans le réel, en payant de son corps, c'est le désir de ne pas être une putain symboliquement avec l'autre.

C'est une façon de faire dans le réel ce que l'on ne veut pas faire dans le symbolique.

Ce symptôme, contrairement à toute attente, correspond à un souci éthique, qu'un sujet ressent obscurément sans savoir se dépêtrer de ce qui l'agite. C'est pour l'idéal d'un amour pur, lavé de sa perversion, que le sujet se voit contraint d'y passer.

Ce qui est questionné au-delà, c'est la question de la séduction, de la prostitution, où le réel de l'autre parfois retranche un sujet : la sexualité se voyant rabaissée, eu égard à l'idéal de l'amour.

Mais en rabaissant l'autre comme tel, il n'est pas sans savoir qu'il se rabaisse, qu'il altère l'idée de sa dignité, qu'il démolit son image. Mais quelque chose lui enjoint de le faire, une loi morale, un impératif catégorique, qui le pousse à démolir son image, qui lui impose de jouir de façon à s'autodétruire. Cet impératif émane d'un effet de l'inconscient, qui le pousse à transgresser le père, à se jouer de lui, en endossant la faute sur ses épaules, par quoi devant son œil surmoïque, il se fait tout petit.

Mais ce qu'il ne sait pas, c'est que le père ne se pose imaginairement en juge, qu'en tant qu'il est l'effet imaginaire, tout-puissant, du versant de savoir que condense le refoulé, le leurre du tout qui préside au but de cette jouissance.

La transgression active, le désir de jouir par des voies « illégales » n'étant qu'une façon de prendre le pas sur le mot refoulé, d'agir son sens apparent, là où, dans son effet, le sujet se prend au pied de sa lettre. Il est joué par le fait que ce n'était pas de l'autre comme tel qu'il jouissait, mais d'un sens issu d'un mot qui ne faisait que transgresser la grammaire dans sa modalité de cristalliser un double sens. Cette tenaille coinçant le sujet en le poussant à la jouissance.

2. Quand bien même il serait possible de déduire d'où il tient l'idée de l'existence de l'homme en opposition à la femme : au dire que non, auquel le symbolisme du père est attaché ; le problème de cette existence qu'il infère à l'homme par rapport à la femme tient à ce qu'il identifie le symbolisme inconscient rattaché à l'homme, à son identité. Alors que ce symbolisme est précisément destiné à pallier ce manque, manque du signifiant à arrêter le sens dernier prêté à cette identité.

3. La fonction d'interdit que représente le père est liée au symbole du nom du père, et ce pour trois raisons. D'une part, en convention, grammaticalement, ce signifiant fait exception à la fonction phallique, ce qui veut dire qu'en conscience, son absence de sens laisse à désirer dans le signifiant sa fonction de référence, je veux parler de l'être du sujet (à savoir ce qui le lie à d'autres, et ce qui le lie à son corps), le double point de vue organique et symbolique de ces rapports s'homogénéisant par son biais dans le registre du symbolique. D'autre part, sa modalité de transmission paternelle couvre imaginairement l'incertitude biologique, que le père représente de façon plus marquée que la mère, et en se substituant à son nom.

De ces deux vertus conventionnelles, il apparaît à la fois comme la puissance de la raison, instrumentée par le signifiant à répondre du corps, et de ce pas du réel que le corps symbolise, autant dire qu'il structure le sujet en l'engageant à faire sens, à parler, tandis que du même pas, là où la nomination devait arrêter l'être, cette nomination n'engendre à la vérité que du désir, être homme, être femme, être père, être mère, être deux, être mort, qui touche tous sans exception à l'origine sexuelle du corps. D'où la dette du sujet eu égard à ce pourquoi il s'était mis à parler, à savoir sa croyance en ce sens ultime, à ce tout pouvoir sur le réel, que la transmission du nom par le père promettait, au joint où l'absence de sens du nom du père rejaillit inconsciemment comme sa toute-puissance anagrammatique de recel. À quoi s'append la fonction d'interdit, qui n'est de ce fait que « le masque d'un impossible ».

De cette dette qui n'est que dette de croyance à l'égard du signifiant, à sa capacité hypothétique à représenter l'être du sujet, se fraye la voie inconsciente qui prendra pour objet cet interdit du désir de corps (gonflant de ses blancs suggestifs les voiles du discours commun) en produisant du sens sur ces sujets de façon interdite ; puisque c'est par la voie transgressive de l'équivoque que l'inconscient se servira des mots pour signifier anagrammatiquement sous le signifiant du désir un sens de savoir : c'est-à-dire le symbole des fonctions rationnelles parfois métaphorisées par des fonctions visibles du corps, une simple limite, l'imaginaire de la structure du signifiant, des positions subjectives mais non une identité fixe, non l'écrit de l'être capable de faire cesser le réel en l'incorporant.

C'est d'ailleurs de cette traduction hors la loi d'un point de vue grammatical, qui maintient du père en amont, que, d'une part, s'engendre en conscience l'aspect diabolique et terrorisant du savoir, et que, d'autre part, de l'inconscient, le désir de jouissance perdure à consister.

4. La perversion, là encore loin d'être en discontinuité avec la normale, n'est qu'un versant extrême de ce qui se joue fantasmatiquement chez tout être humain.

La jouissance fait entrer avec elle la dimension de la mort en tant qu'elle met à nu ce que l'on ne sait pas. Autrement dit, c'est fantasmatiquement que jouissance et mort s'intriquent.

Dans la perversion ,la question de la mort est évacuée du système, en même temps qu'elle forme son cadre et l'enjeu qu'il y aurait à dépasser. Elle n'entre en ligne de compte qu'en terme de limite au contrat, c'est à cela que le scénario ne doit pas toucher. On peut aller jusqu'à se torturer, la jouissance sexuelle se rapporte régulièrement à la douleur, mais elle ne doit jamais aller jusqu'à la mort.

Pourquoi ? Parce que ce qui y est métaphorisé, figuré physiquement par le corps, c'est l'impact du signifiant, des mots sur la conscience, la douleur morale qu'elle peut induire, à savoir une douleur qui n'en finit pas, qui ne cesse pas, et une douleur éternelle, pire que la mort. Le registre du sexuel est scénarisé comme un registre de la conscience, comme si rien n'y échappait, comme s'ils se recouvraient totalement. Or c'est à cette inadéquation que répond cette scénarisation, elle vise à pallier la reconnaissance que la jouissance sexuelle, en tant qu'elle est du corps, échappe au pouvoir du signifiant à sceller son sens, ce que cependant laissait à désirer le nom.

Ce qui est intéressant, c'est que la perversion éclaire, dévoile le travail de l'inconscient.

La perversion, c'est un essai logique mais raté, et en cela coupable, d'élever la question du sexe, en la sublimant comme un problème de raison. Elle retourne dans le concret du corps à corps ce qui du sexe est le cadre abstrait de la symbolisation rationnelle inconsciente.

CHAPITRE VIII. L'amour en philosophie

1. Aussi on pourrait m'opposer que depuis que Freud a frayé cette voie, il y a mieux, il y a le cognitivisme, où s'engouffre une partie de la philosophie aujourd'hui. Il y a le cognitivisme qui, lui, annule purement et simplement le concept de dieu, qui part du postulat de l'union de l'âme et du corps, en s'appuyant sur les découvertes de la neurobiologie.

Or cette avancée n'est que de surface, puisque, en fait d'avancée, c'est un retour en arrière.

En effet, le cognitivisme est symptomatique en plusieurs points.

Tout d'abord en ceci qu'il exclut de son questionnement, qui porte sur la raison, tout l'irrationnel en l'homme, et nommément l'amour, sous prétexte de scientificité. Or le problème de sa scientificité qui ne se soutient que de son interrogation sur la raison, c'est qu'au lieu de partir du pathologique pour réfléchir sur le normal (ce que par exemple a fait Claude Bernard, ce en quoi il introduisait la science au cœur de la médecine), à contre-pente de la démarche scientifique, elle tente de symboliser le fonctionnement de la raison à partir d'un idéal mythique où l'irrationnel n'aurait pas sa part, par quoi elle retombe sur un clivage absolu entre la raison et la déraison dans le rapport psychose/névrose.

C'est dire qu'outre le fait que la clinique lui manque sérieusement pour introduire ce clivage, le problème des sciences cognitives, c'est que la question de la pluralité des références en matière de raison est totalement forclose de leur système.

La référence à l'être, à la raison, est conçue comme absolument prédéterminée, donnée d'avance, ce qui fait que la référence du sens et son évolution chez l'enfant est *univocément conçue comme le référé au réel externe, sous le prétexte fallacieux que la raison serait organique, ce qui est vrai, mais n'éteint aucunement la question.*

Car si la psychanalyse a pu montrer quelque chose de neuf, c'était précisément que l'esprit, la raison pour l'homme, est un problème pour lui-même. C'est à partir de la raison que dérive tout le travail sur le sens qui se déposera dans l'inconscient. Dont l'accès découvre que la raison n'est pas symbolisée au préalable, qu'au départ elle est appréhendée comme un manque projeté et idéalisé comme un savoir clos dans l'autre parental qui est la référence de l'enfant. Ce n'est qu'au fur et à mesure de son développement qu'elle sera métaphorisée et différenciée à partir de ce que d'emblée il croit, à partir de ce qu'il entend et de ce qu'il voit. Car ce qu'il croit au départ, c'est une religion, il croit que l'autre sait tout ce qu'il ne sait pas, et c'est d'ailleurs par le biais de ce transfert originaire que se produit la force de l'amour qui unit l'enfant à ses parents.

Et si sa propre référence est si difficile à construire, c'est que sa raison ne s'identifie qu'à partir de ce qu'il perçoit, les effets de sa pensée se cristallisant dans des mots au moyen de symboles, par voie réflexive, relativement de l'extérieur à l'intérieur, et par après-coup, pour tenter d'appréhender son origine.

Or c'est de l'occultation de ce problème immanent à leur présupposé de départ que les sciences cognitives ne peuvent rendre compte de la question de la psychose qu'en la projetant dans un raté du déterminisme organique, réfractaire à la psychanalyse. Par quoi, par le mur métaphysique du corps qu'elles érigent entre le normal et le pathologique, elles réintroduisent dieu, non plus comme question mais comme postulat, en s'abritant derrière ce présupposé pour faire des fous, des déchets de la raison.

CHAPITRE IX. Un homme plus une femme égale quoi ?

1. Ce qui nous conduit à l'horreur de la castration. Qu'est-ce que la castration ? En quoi cette béance ne fait-elle horreur que secondairement pour la conscience ?

En fait, elle ne fait pas horreur en tant que telle, mais pour la charge symbolique qu'elle représente rétroactivement pour le sujet.

Ce n'est que parce que ce manque reflète l'effet de trou, la chute de sens que peut générer l'impact du signifiant sur la conscience, si le mot épingle le manque du sujet et résonne avec un désir refoulé dont il ignore la cause, que la découverte de ce trou fera secondairement horreur, eu égard à ce qu'il symbolise sur cet autre plan qu'est le plan psychique en l'occurrence. Car il met à nu ce que l'on ne sait pas, la domination que l'autre peut exercer sur soi du fait qu'on a un inconscient.

BIBLIOGRAPHIE

CHAPITRE PREMIER. La psychanalyse : une médecine de l'amour

1. Assoun P.-L., *Freud, La philosophie et les philosophes*, Paris, PUF, 1976.
2. Khaïat E., « Psychiatrie et psychanalyse », in *L'Évolution psychiatrique*, 59, 1, 1994, p. 127-151.
3. Lantéri-Laura G., *Psychiatrie et connaissance*, Paris, Sciences en situation, 1991.
4. Freud S., *Introduction à la psychanalyse*, Paris, Payot, 1961.
5. Lacan J., *Le Transfert*, texte établi par J.-A. Miller, Paris, Seuil, 1991.
6. Freud S., *L'Avenir d'une illusion*, trad. M. Bonaparte, Paris, PUF, 1971.
7. Freud S., *Malaise dans la civilisation*, trad. Ch. et J. Odier, Paris, PUF, 1971.
8. Freud S., *Moïse et le monothéisme*, trad. A. Berman, Paris, Gallimard, 1948.
9. Freud S., « Analyse sans fin et analyse avec fin », in *Résultats, idées, problèmes*, tome 2, trad. sous la direction de J. Laplanche, Paris, PUF, 1985, p. 231-268.
10. Lacan J., « L'acte psychanalytique », séminaire inédit, 1974-1975.

CHAPITRE II. Le paroxysme de l'amour

1. Descartes, *Les Passions de l'âme*, Paris, Gallimard, 1988.
2. Pommier G., *L'Ordre sexuel*, Paris, Flammarion, 1995.
3. Lacan J., *Encore*, texte établi par J.-A. Miller, Paris, Seuil, 1975.

CHAPITRE III. L'amour et la haine

1. Freud S., « Pulsion et destin des pulsions » in *Métapsychologie*, Paris, Gallimard, 1940, p. 11-44, p 42.
2. Freud S., *Totem et tabou*, Paris, Payot, 1973.
3. Freud S., *Moïse et le monothéisme*, *op. cit.*
4. Lacan J., « D'une question préliminaire à tout traitement possible de la psychose », in *Écrits*, Paris, Seuil, 1966, p. 531-583.
5. Freud S., « Analyse sans fin et analyse avec fin », *op. cit.*
6. Klein M., *Envie et gratitude*, Paris, Gallimard, 1968.

CHAPITRE IV. L'enfant

1. Lacan J., « D'une question préliminaire à tout traitement possible de la psychose », *op. cit.*
2. Lacan J., « R.S.I. » séminaire inédit, 1974-1975, séminaire du 21 janvier 1975.
3. Freud S., « Pour introduire le narcissisme » in *La Vie sexuelle*, Paris, PUF, 1969, p. 81-112.

CHAPITRE V. La séparation

1. De Rougemont D., *Les Mythes de l'amour*, Paris, Albin Michel, 1961.
2. Freud S., « Deuil et mélancolie » in *Métapsychologie*, Paris, Gallimard, 1940, p. 147-174.
3. Lacan J., « L'étourdit » in *Scilicet n°4*, Paris, Seuil, 1973, p. 5-52.

4. Lacan J., *Le Transfert*, *op. cit.*
5. Lacan J., « La direction de la cure » in *Écrits*, Paris, Seuil, 1966, p. 585-644.

Le sexuel : PRÉAMBULE

1. Freud S., « Contribution à la psychologie de la vie amoureuse » in *La Vie sexuelle*, *op. cit.*, p. 47-55.
2. Freud S., « Quelques conséquences psychiques de la différence anatomique entre les sexes », in *La Vie sexuelle*, *op. cit.*, p. 123-132.
3. Lacan J., « La signification du phallus » in *Écrits*, *op. cit.*, p. 685-695.
4. Lacan J., *Encore*, *op. cit.*

CHAPITRE VI. Quelques aspects du rôle de la sexualité dans la genèse du mental

1. Freud S., « Le moi et le ça » in *Essais de psychanalyse*, Paris, Payot, 1981, p. 221-275.
2. Freud S., « Le roman familial des névrosés », in *Névrose, psychose et perversion*, trad. J. Laplanche, Paris, PUF, 1973, p. 157-160.
3. Freud S., *Trois essais sur la théorie de la sexualité*, Paris, Gallimard, 1962.
4. Freud S., « Quelques conséquences psychiques de la différence anatomique entre les sexes », *op. cit.*

CHAPITRE VII. Le sexe, l'amour et l'interdit

1. Lacan J., *Encore*, *op. cit.*
2. Lacan J., « R.S.I. », *op. cit.*
3. Lacan J., « D'une question préliminaire à tout traitement possible de la psychose », *op. cit.*

4. Freud S., « Analyse sans fin et analyse avec fin », *op. cit.*
5. Green A., *Les Chaînes d'Éros,* Paris, O. Jacob, 1997.
6. Lacan J., « Conférences et entretiens dans des universités nord-américaines », in *Scilicet*, n° 6/7, Paris, Seuil, 1976.

CHAPITRE VIII. L'amour en philosophie

1. Schopenhauer, *Métaphysique de l'amour, métaphysique de la mort*, trad. M. Guéroult, Paris, Union Générale d'Édition, 1964.
2. Fraisse G., *La Différence des sexes*, Paris, PUF, 1966.
3. Kant E., *Critique de la raison pratique*, Paris, PUF, 1943.
4. Kant E., *Critique de la raison pure*, Paris, PUF, 1944.
5. Kant E., *Anthropologie d'un point de vue pragmatique*, trad. A. Renaut, Paris, Garnier Flammarion, 1993.
6. Platon, *Le Banquet*, Paris, Garnier Flammarion, 1964.
7. Hegel G. W., *Leçons sur l'histoire de la philosophie*, tome V, Paris, Vrin, 1978.
8. Foucault M., *Les Mots et les Choses*, Paris, Gallimard, 1966.
9. Russel B., *La Science et la Religion*, trad. Ph. R. Mantoux, Paris, Gallimard, 1971.
10. Descartes R., *Le Discours de la méthode*, Paris, Garnier Flammarion, 1966, p. 51-65.

CHAPITRE IX. Un homme plus une femme égale quoi ?

1. Lacan J., « L'étourdit », *op. cit.*
2. Derrida J., « Différence sexuelle, différence ontologique », in *Cahier de l'Herne*, Paris, de l'Herne, 1983, p. 571-595.
3. Derrida J., *De la grammatologie*, Paris, Éditions de Minuit, 1967.
4. Freud S., « Sur la sexualité féminine », in *La Vie sexuelle*, *op. cit*, p. 139-156.
5. Lacan J., « Kant avec Sade », in *Écrits*, *op. cit.*, p. 765-790

TABLE

DEUXIÈME PARTIE
Le sexuel

TROISIÈME PARTIE
Perspectives sur l'amour

Achevé d'imprimer en février 2007
sur les presses de Normandie Roto Impression s.a.s
61250 Lonrai
pour le compte
des Éditions Payot & Rivages
106, bd Saint-Germain - 75006 Paris

Dépôt légal : février 2007
N° d'imprimeur : 07-0354

Imprimé en France

